岩 波 文 庫

33-695-2

統辞理論の諸相

方法論序説

チョムスキー著
福 井 直 樹
辻子美保子 訳

岩 波 書 店

ASPECTS OF THE THEORY OF SYNTAX
50th Anniversary Edition
Chapter 1
Methodological Preliminaries
by Noam Chomsky

First published 1965,
50th Anniversary Edition published 2015
by Massachusetts Institute of Technology, Cambridge, MA.

This Japanese edition published 2017
by Iwanami Shoten, Publishers, Tokyo
by arrangement with The MIT Press, Cambridge, MA
through The English Agency (Japan), Tokyo.

目次

・この文庫版は『統辞理論の諸相』全四章のうち第一章のみを訳出した抄訳である。『統辞理論の諸相』全体を指す際には『諸相』と略記する。
・文献の頁番号は、邦訳が存在する場合であっても、原則として原典の頁番号を記すが、『諸相』第一章の頁番号に限っては、本文庫版の頁番号を記す。
・本文に添えた（ ）付きの小さな数字（1）、（2）、……は原註の番号を表わす。
・【 】内は訳者による補足である。

岩波文庫版への序文

『統辞理論の諸相』の冒頭第一章「方法論序説」は、人間の言語機能が有する「基本特性」(Basic Property)と——充分な妥当性をもって——今日呼ばれるに到ったものに関する研究を行なうための一般的枠組みを、明確に定式化しようとする最初の試みでした。言語表現は背後に構造を持ち、各々の表現は、思考を表わす意味解釈を持つと共に、何らかの感覚様式——通常は音声——を通して外在化することが出来ます。そして、言語機能はこのような構造化された言語表現の無限の配列を構築する手段を提供しているのです。これが言語機能の「基本特性」です。言語機能によって与えられたこれらの手段は、各々の個別言語の生成文法におけるその言語特有のやり方でもって、その詳細が実現されることになります。

言語機能が示すこの基本特性は、近代科学革命の黎明期に、ガリレオや彼の同時代人たちにはっきりと認識されていました。彼らは、言語が「二十五個や三十個くらいの音から無限に多様な表現」を我々人間が作り出すことを可能にすること、そしてそれらの表現が「それ自身としては我々の心に浮かぶものに対して何らの類似性も持たないにもかかわらず、心の秘密の全てを描き出し、我々の心をのぞき込むことが出来ない他者に対して我々が考えていることなら何でも、そして我々の魂の多様な律動をも理解可能にする」という事実に対する畏敬と驚嘆の念を表明していました。この認識は、二千五百年におよぶ言語に関する豊かな探求の歴史の中でも、最も深遠な洞察を示したものであると私は思います。

ガリレオの時代に続く何世紀かにおいても、人間の心が持つこの驚嘆すべき特性に対する認識が述べられたことは何回かありました。人間の心が持つ驚嘆すべき特性——それは、人間という種に固有の特性であり、全ての人間に共有されており、人間にのみ存在し、そして人間が成し遂げることが出来る様々な事柄の主要な源なのです。しかしながら、基本特性の研究を進めるための技術的道具立てが当時はまだ用意されていませんでした。この状況は、アラン・テューリングや他の優れた数学者たちが確固とした基礎を持つ計算の理論を打ち立てたことにより、二十世紀中葉までに変化しました。その結果、個別言語の生成文法、さらには言語機能の根本原理を考察することが可能になったのです。

その後の研究を通して、言語機能に関して、また類型論的に非常に広い範囲にわたる諸言語に関して、極めて多くのことがわかってきました。少し前にはおよそ考えも付かなかったような深いレベルで研究が行なわれるようになったのです。『統辞理論の諸相』が出版されてから五十年経って改めて振り返ってみると、その第一章で定式化された方法論的考察は現在でも基本的に妥当であり、人間の心的能力の根幹にある要素の研究をさらに前進させるにあたって本質的に重要な考察であるように私には思えます。

二〇一六年十月

ノーム・チョムスキー

五十周年記念版への序文

各個人が持つ言語に関わる最も基本的な事実は、階層的に構造化された無限に多くの表現の各々に対して、その言語が「感覚運動」(sensorimotor, ＳＭ)解釈と「概念・意図(志向)」(conceptual-intentional, ＣＩ)解釈という解釈の対(ＳＭ、ＣＩ)を生成するということである。ここでＳＭは外在化に関わる諸器官(典型的には調音・聴覚器官)へのリンクであり、ＣＩは思考と行為のシステムへのリンクである。ほとんど自明の理とも言えるこの事実を、各々の言語使用者の脳において何らかの形で実現されている、人間言語の基本原理(Basic Principle)【岩波文庫版への序文で「基本特性」と呼ばれているものと同一の概念】と呼ぶことにする。このように理解すれば、言語とはI言語(I-language)と呼ばれてきているものであることになる。ここで「I」は「個人(個体)に内在的な」(*in*ternal to an *in*dividual)、そして「内包的な」(*in*tensional)【イタリックは訳者による】ということを表わしている。すなわち、ここでは生成手続が定める何らかの存在物の集合ではなく、個人に内在するその生成手続自体の本質が問題とされているのである。長年にわたって、この一般的視座は「生物言語学的(研究)プログラム」(biolinguistic program)と呼ばれてきているが、この用語は、言語を中心的要素として結びついた認知科学および生物学の諸分野における最初の国際的な学術会議の一つを組織したマッシモ・ピアテリ＝パルマリーニによって示唆されたものである(Piattelli-Palmarini 1974を参照)[1]。

「I言語」という用語は、獲得されたI言語そのものを指す場合と、そのI言語に関する理論を指す場合の両方の意味で——体系的多義性をもって——それまで使用されてきた文法(grammar)という用語の二つの意味のうちの一つを担うものとして、Chomsky(1986)で提案された。つまり、「文法」という用語は後者の意味(I言語の「理論」という意味)に限定して用いようというのが提案であった。これはこの用語の伝統的な使用法ともよく一致している。同様の多義性は専門用語である普遍文法(Universal Grammar, UG)という用語についても生じる。現代の研究においては、この用語は言語に関する人間の能力——言語の獲得を可能にしている個人(個体)が持つ内在的特性——に対しても、また、そのような能力に関する理論に対しても用いられる。ここでは、「普遍文法」という用語が持つこの多義性はそのままにしておくこととする。

密接に関係する観点から右で述べたような考えを発展させた著作が一九六〇年代にいくつか発表された。標準理論(standard theory)と後に呼ばれるようになる考えを定式化した Katz and Postal(1964)であるとか、『統辞理論の諸相』(本書、以下『諸相』)が出版されたし、現代における「言語の生物学」という分野の基礎を築いた基本著作である Lenneberg(1967)も刊行された。また、『英語の音声パターン』(Chomsky and Halle 1968)は、狭義統辞法からSMレベルへの写像に関して類似のプログラムを進展させた。

「基本原理」を採り入れた現代的な意味での生成文法の誕生は、一九四〇年代末に遡る。『諸相』が出版される頃までには、生成文法は類型論的に異なる様々な言語に関して、そして多くの理論的新機軸を伴って集中的に探求されるようになっていた。[2]『諸相』は、「基本原理」を生物言語学的プログラムの中に採り入れた形でのI言語研究に対する一般的枠組みの概略を描こうとした最初の試みであった。『諸相』はさらに「基本原理」のある特定の部門を詳細に展開しようと試みたし、また、当時の専門的な研究の周辺部分に関わる多くの問題に——解答を与えることは出来ないまでも——少なくとも概括的な定式化を与えようとしたのである。そしてさらに、それまでほとんど完全に忘れられていたかあるいは誤って解釈されていた、近代初期の哲学および言語学における生成文法の重要な先駆者たちの何人かを議論の前面に据えることも、『諸相』が試みたことの一つであった[3]。

『諸相』刊行後五十年の今日振り返ってみると、そこで述べられた一般的枠組みは私には依然として基本的に正しいように思われる。ただし、そこでの具体的な技術的提案は、当時は想像することさえ出来なかった多様性と深さを示しながら——また、多くの理論的洞察や発見を伴って——蓄積された莫大な量の経験的研究に照らして大幅に修正されなければならない。

『諸相』における一般的枠組みは、科学において何世紀にもわたって標準的となっている観点を採用している。つまり、未分析のデータ——例えば、言語コーパス[4]——は、多くの変数が相互に作用し合った結果得られるものであり、それらの変数のほとんどは、いま行なおうとしている研究の目的には無関係なものとしてふるい落とされる。従って、研究者は、相互作用している様々な要因の混沌とした状態から研究の対象——この場合は、ある特定のI言語における「基本原理」の具体的実現——を、抽出しようとするのである。科学における実験というものは、科学ではよく知られたこういった原則に則ってなされた徹底的な理想化である。言語学者がインフォーマント(言語学者自身のこともある）相手に行なう仕事は、（全ての実験と同様に）必要ならばさらに精密にすることも出来るような非公式な実験から成っていると言えるが、この非公式な実験は極めて有効性が高いということが既に判っている（Sprouse and Almeida 2012, 2013を参照）。以上のことを簡単にいえば、『諸相』の第一章第1節で定められているように、「言語理論は、主として、理想的話者‐聴者を対象として取り扱う」のである。そして、言語能力——言語使用者が知っていること——は、言語運用——通常、数多くの要因の影響を受けながら言語使用者が行なうこと——とは区別される。

よく知られている例を使って説明するために、自然言語に遍在する埋め込みという現象を考えてみよう。例えば、it's hot（暑い）を文の中に埋め込んでEither it's hot or it's cold（暑いか寒いかどちらかだ）やIf it's hot, then I'll take a swim（もし暑ければ、私はひと泳ぎする）といった文を作るという現象である（しかし、If it's hot or I'll take a swim（もし暑いか、私はひと泳ぎする）は非文法的である）。

埋め込みは無限に続いていき、その埋め込みの深度に限りがないことは明らかである。従って、当該のI言語（この場合、英語）においては、【PとQを命題として】Pがいかに複雑であろうとも、If P then Q（もしPならばQである）という表現は文法的であるが、If P or Q(もしPかQである)は文法的ではない。この事実によって、埋め込みの深度が無制限であるという結論が確立されるのである。ただし、当然のことながら、言語運用はこのこととは独立の諸要因によって制限されている。

何らかの記憶の補助(時間、紙と鉛筆、等々)が与えられていない場合は、埋め込みを比較的容易に解釈することが出来るのはだいたい深度が7くらいまでであって、それ以上の深度だとそうはいかない。(5) このことは、I言語やその使用者の言語能力とは全く係わりがない。むしろこれは、有名な論文Miller(1956)においてジョージ・ミラーによって議論されているように、短期記憶に係わる一般的な事実に起因する問題なのである。従って、I言語の探究は、こういった本質的ではない外的要因を捨象して進めていくことになる。

実際の文章では、やはり記憶負荷のような理由のため、ごく浅い深度を超えて埋め込みが用いられることはめったにない。このこともまた、I言語の研究とは無関係である。(6) 類似のケースで議論が生じる余地がない例として、健常者ならば誰もが持っている能力の一部である初歩的な算術の演算を考えてみよう。算術の能力は、全ての対(x, y)に対して、加法や乗法のもとで正しい数zをもたらす【$x+y=z$や$x \times y=z$となるzを与える】。

しかし、外的な補助なしに(つまり暗算によって)示され得る算術の能力は、そのうちのごく限られた有限の一部分に過ぎない。だからといって、算術の能力が限定されたものであるということをこの事実が意味しているわけではないことは、明らかである。(7)『諸相』が出版されて以来、理想的話者‐聴者といった概念や、言語能力と言語運用の区別、あるいは『諸相』で示された一般的枠組みが持つその他の諸特性の正当性に関する多くの論争が文献において行なわれてきた。しかし、論争の種になるような事柄はここには何もないのである。いま述べたような概念は議論が生じる余地があるようなものではないし、言語に関するあらゆる探究において——たとえそれが否定されている場合であっても——何らかの形で少なくとも暗黙のうちに採り入れられているのである。

しかしながら、『諸相』における一般的枠組みには、深刻な問題を含むような特性もあった。そのひとつは言語の獲得について『諸相』で示された特定のアプローチに関するものである。現代生成文法の最初期から広範囲にわたって詳しく議論されてきた中心的な問題は、(8)『諸相』において「説明的妥当性」と呼ばれている概念に関わるものである。すなわち、データが与えられたとき、可能な文法(I言語)のうちのどれが正しい文法なのかを我々はどのようにして決定するのかという問題である。生物言語学的プログラムにおいては、この場合のデータというのは言語学習者にとって利用可能なデータのことであり、『諸相』では「一次言語データ」という術語で呼ばれていたものである。そこで述べたように(81頁)、説明的妥当性の問題とは、「本質的には、言語獲得の理論——つまり、言語獲得という偉業を可能にするような、ある特定の生得的能力の説明——を構築するという問題である」。後にこの問題は、言語獲得における時間的な過程を捨象することによる理想化の下で「言語獲得の論理的問題」と呼ばれるようになった。ここでの抽象化がどれだけ重大なものであるかは、獲得の過程や経路依存性などに関する事実によって決まる。今日までのところ、この抽象化は何の歪曲を生むこともなく極めて妥当なものであるように思える。こうしてUG(普遍文法)は、全ての人間がほぼ完全に共有している、遺伝的に決定づけられた言語機能の初期状態であると考えることが出来る。別の視点から見ると、このように理解されたUGとは「言語獲得装置」なのである。

一九四〇年代後半になされた提案を採り入れて、説明的妥当性や言語獲得装置に対する『諸相』におけるアプローチは、(1)許容可能な文法が満たすべきフォーマット、そして(2)一次言語データに適合する文法の候補の中から正しい文法を選択するための評価尺度、という二つの概念を言語理論が提供すると仮定していた。評価尺度は、最も短い文法、すなわち最も少ない数の記号を持つ文法を選ぶ。もちろん、このような尺度は表記法が定まらない限り無意味なものである。さもなければ、ある単一の記号を任意の文法Gと定義することによって、どのような文法でも単一の記号で表わすことが出来てしまう。従って、評価尺度は候補となる文法GをGより短い形式G′に換える表記法変換を定式化することになる。つまり、GをG′における記号の数に写像するのである。この表記法装置はUGの諸原理と想定されているものを組み込むことになる。このアプローチは、原理的に価値の最も高い文法を選ぶことになるが(そういう文法が一つではなく複数個存在することもあり得る)、このような手続が実際に実行されるには計算上の負荷があまりにも重すぎる。つまり、『諸相』の用語を使うならば、「実行可能性」を欠いているのである。[9] 一九八〇年代初頭に原理・パラメータの枠組み[10]が出現することによって、この問題へのひとつの解決策が示されることになった。

言語獲得に対する他のアプローチももちろん提案されてきたが、そういったアプローチは最も基本的な問題を提起しそれに取り組むことが出来ていない。『諸相』が出た当時、言語は帰納、類推、訓練、強化といった一般的なメカニズムで獲得されるものであるというのがほぼ一般的な共通認識だった。しかし、こういった提案を真剣に検討することは不可能だった。というのも、一般的メカニズムの詳細が特定されないままになっていただけでなく、何が獲得されるのか、言語とは何なのか、という中核的な問題さえ正面から考察されていなかったのである。

近年、統計的方法やビッグデータ分析への期待が大変な熱狂を巻き起こしており、こういった方法が今までに成し遂げたことについての勇ましい主張がいくつも提出されてきた。このような主張は広く受け容れられているものの、実際には実体を伴ったものではない。言語の些末ではない特性を扱おうとした少数の試みは完全に失敗しており、言語の中核的部分にはこういった方法は全く手を出せない状態のままである。しかし、統計的方法やビッグデータに関する思い込みが広く流布していることを考えると、こういったものが示す現状を簡単に見ておくのも有益かもしれない。

いま述べたような興奮状態は、サフラン、アスリン、ニューポートによる興味深い論文(Saffran, Aslin, and Newport 1996)が出版されたことに端を発する。この論文は、生後八ヵ月の乳児が——ほとんど経験がないにもかかわらず——人工的な記号列の中で一つのまとまりとして現れる、三つの記号から成る列を識別する単純な統計を使うことが出来ることを示した。この事実は、言語の統計的学習理論を世に送り出すことになった発見であると一般に考えられている。学術誌*Science*における典型的な反応として、この論文は言語獲得と機械学習における主要な研究者二人によって熱烈な賞賛をもって迎えられた(Bates and Elman 1996)。ベイツとエルマンによれば、この結果は「有名な「刺激の欠乏(貧困)」による論証」を反証し、「人間は言語を獲得するために一般的な統計的手続を使えないし、また、使わないという広く普及した考え方」(と言って、彼らは私や他の研究者の著作を引用している)と矛盾するということである。この論文が「学習はこれまで考えられてきたよりもずっと強力なものであることに加え、言語や他の認知形式の生得性に関する議論にはこの否定できない事実を考慮に入れる必要があること」(1849頁)を示していると彼らは強く主張している。しかしながら、これにはいくつか問題がある。第一に、ベイツとエルマンが引用した著作は、彼らが述べているようなことは何も言っていない。[11] さらに、私が実際に書いたことは、ベイツとエルマンが主張していることと正反対のことなのである。つまり、語境界は連結されたテクストから統計的分析のみによって決定されるのかもしれないと私は述べたのである(Chomsky 1955, 195頁)。「広く普及した考え方」はサフラン、アスリン、ニューポートの結果と「矛盾し」てもいなかったし、それから影響を受けてさえいない。むしろ、ベイツとエルマンによって議論されている結果は、最大限に見積もっても、生成文法の中でそれまでに提案されてきたことを支持する非常に限られた形での経験的な材料を提供しているに過ぎないのである。

二番目の問題点は、たとえサフラン、アスリン、ニューポートの結果がそれよりもはるか以前に出された生成文法における語境界に関する提案を支持する何らかの重要な材料になり得たとしても、彼らの結果は人間が「言語を獲得するために一般的な統計的手続を使」っているかどうかという論点に関しては実際上何も我々に語ってはくれないであろうということである。サフランたちの結果が出る四十年も前に生成文法の枠組みで提案が出されたときに既に明確に述べられていたように――また、ただちに明白なことでもあるが――連結されたテクストから語を見つけ出すことは言語獲得の極めて周辺的な側面に過ぎない。

唯一の「否定できない事実」は、「有名な「刺激の欠乏(貧困)」による論証」が元のまま変わらず残っていること、そして、それまで長い間想定されることもなかった学習というものの威力については何も示されなかったということである。

三番目の問題は、そのような統計的方法が言語を獲得している子供によって実際に使われていると考える根拠がほとんどないということである。

最後の問題は、私が一九五五年に想定していたことに反して、この統計的方法は実際のテクストでうまく働かないことである（Yang 2004を参照）。ただし、こういった統計的方法はＵＧの諸原理および統辞法的・音韻論的情報が追加されれば、その効力を高めることが出来る（Pierrehumbert 2003, Yang 2004, Shukla, White, and Aslin 2011を参照されたい）。

統計的方法を駆使して大量の研究が行なわれてきた主要な問題が一つ存在する。「規則の構造依存性」という古くて重要な問題である。検討に値するくらい明確な提案はどれも完全に失敗していて、しかも改訂によってそれらの提案を繕うこともおよそ不可能な形で失敗している（Berwick et al. 2011を参照）。さらに、繰り返し指摘されてきているように、こうした提案はこの問題に関する唯一の根本的問いに取り組むことが出来ていないのである。すなわち、この特性が言語に遍在するのは「なぜ」なのかという問いである。この問題に対しては単純でかつ充分に立証された答えがあるのだが、いま論じている分野の文献においてその答えが考慮されたことは一度もない。

しかしながら、ＵＧと統計的学習理論を融合させた研究において実質的な成果も挙がってきている。[12] そうした研究が大きな将来性を持つかもしれないということに対して疑問が呈されたことは全くなかった。

いくつかの留保条件を付けなければならないが、これらの問題に関して『諸相』で述べられている結論は依然として妥当なものであると私には思える。すなわち、「人間の複雑な偉業を、何百万年にわたる進化に帰したり、あるいは物理法則にさらに一層深く基礎付けられているかもしれない神経の組織化に関する諸原理に帰したりするのではなく、何ヵ月(あるいはたかだか何年)かの経験に全てを帰するような立場を、今日真剣に主張する理由は、明らかに全く存在しない」(142頁)。このことは「全て」を「ほとんど」に置き換えても成立する。

今述べた留保条件の主なものは、関連する進化の過程の長さに関することである。進化理論や古人類学における最近の研究は、【言語能力の発生に】関連する時間枠が非常に短いものかもしれないことを示唆している。時間枠の最後はおおよそ五万年前であり、その後には検知できるような進化上の変化は何もなく、時間枠の始まりもそれほど遡るわけではない。[13] そして、計算の複雑性に関わる一般原理(それは物理法則に根差したものかもしれない)が、一次言語データからI言語を選び出すにあたって根本的な重要性を持つものであることを示す証拠が次々と得られているのである。

実行可能性の問題に対するひとつの解決策を提供した原理・パラメータの枠組みは、他にも多くの帰結を伴っていた。言語獲得の研究に再び活気を与え、それ以来、言語獲得研究はすばらしい進展を遂げてきた。この枠組みは、類型論的に極めて多様な諸言語の記述的研究の幅と深みを爆発的に拡大する途を切り拓いた。また、比較言語学や史的言語学に様々な帰結をもたらすような形で、パラメータの構造や種類に関する非常に啓発的な研究もなされてきている。

原理・パラメータの枠組みの進展は、さらに、生物言語学的プログラムにおける言語研究の背後に常に存在していた問題をより一層明確に定式化することも可能にした。その問題とは、生物言語学的に解釈された言語というものが、ＳＭとＣＩによって規定された境界条件に対する「完璧な解」にどれほど近いものなのかということである。この主題に関する探求は「極小主義プログラム」と呼ばれるようになったが、実のところこの研究プログラムは、最初期の生成文法から続けられてきた説明的妥当性の問題に取り組もうとする努力と完全に連続したものなのである(14)。

今日における公正な結論として私が思うところでは、『諸相』でその概略が描かれた一般的な枠組みは今なお妥当であるが、『諸相』でなされた個々の技術的提案については実質的な修正が必要であり、また、『諸相』出版以来の年月において現れてきた新たな研究領域への拡張もなされるべきであろう。

二〇一四年八月
マサチューセッツ州ケンブリッジにて

ノーム・チョムスキー

註

(1)二十世紀中葉に一世を風靡していた構造主義・行動科学的科学観においては、I言語として人間言語を捉えるような考え方は極めて異質なものであった。ただ、I言語と似たような考え方は、それ以前の研究において折に触れて現れてくることもあった。例えば、アントワーヌ・メイエは「言語は各個人の——運動および感覚の——神経中枢にのみ存する……」と述べている(Meillet 1903, これは Longobardi 2003 に引用されている)。メイエが言語を運用——入力と出力——に限定していることに留意されたい。

(2)研究が始まった年代順に挙げると、ヘブライ語、英語、ロシア語、ヒダーツァ語、トルコ語、モホーク語、そして日本語である。他にもいくつかの言語が取り上げられている。

(3)このことに関するさらなる議論については、Chomsky(1964), Chomsky(1966), Chomsky(1968), Bracken(1984)を参照されたい。

(4)もちろん、言語コーパスは——精密音声表記のみによって与えられているときでさえも——既に理想化され部分的に分析を施されたものである。

(5)『諸相』の第一章第2節と第一章註6を参照のこと。Miller and Chomsky(1963)も参照されたい。

(6)こうした初歩的な論点さえ、依然として理解されないことがある。例えば、Levinson(2013)を参照。この論文では、生成文法の初期における歴史的発展に関しても誤解が見られる。この論文におけるその他の誤りについては、Legate, Pesetsky, and Yang(2014)を参照されたい。

(7)この根源的でおそらくは普遍的な能力が全ての文化的環境において顕在的に現れるわけではないかもしれないことに注意されたい。古典的な議論については、Hale(1975)を参照。

(8)(一九四九年の卒業論文の改訂版である)Chomsky(1951)を参照されたい。

(9)この理由のため、Chomsky(1951)における最初期の——そしていくつかの点では最も詳細な——提案では、絶対的最適性ではなく相対的な最適性のみを追究したのである。

(10)この枠組みに関する初期の定式化についてはChomsky(1981)を参照されたい。

(11)この事実は、自分たちが言及している原著論文における「学習」に関する議論をベイツとエルマンがきちんと理解していないことによって覆い隠されてしまっている。

(12)一つの重要な結果は、言語獲得の初期段階における不規則動詞の獲得について納得のいく説明を初めて与えたことである。ちなみに、これは機械学習(コネクショニスト)の試みにおいて集中的に探究されてきたトピックである。

(13)いくつかのコメントや情報源については、Chomsky(2015)を参照。

(14)ここで述べたような理論の発展やその背景に関する簡単な概観については、Chomsky(2015)を参照されたい。

序　文

言語の基礎が、その言語の無限に多くの文が持つ解釈を決定する規則のシステムにあるという考えは、決して目新しいものではない。一世紀以上も前に、有名ではあるが稀にしか読まれない一般言語学への序論においてヴィルヘルム・フォン・フンボルトがこの考えを充分な明確さをもって表明している（Humboldt 1836）。さらに、言語は「有限の手段を無限に用いて」おり、従って文法はこのことを可能にしているプロセスを記述しなければならないとするフンボルトの観点は、言語と心に関する合理主義的哲学における、この言語使用の「創造的」(creative) 側面に関する執拗な関心から自然に発展してきたものと言えるのである（この点に関する議論は、Chomsky 1964 と Chomsky forthcoming を参照されたい）。さらにいえば、パーニニの文法でさえも、基本的に現代の意味における「生成文法」(generative grammar) の一断片として解釈することが出来るように思われる。

にもかかわらず、個別の諸言語に対する明示的な生成文法を構築し、その帰結を探究しようとする、かなり実質的な試みがなされたのは、近代言語学においては主として過去数年のことに過ぎない。従って、生成文法の理論の適正な定式化や、最も集中的に研究されてきた諸言語の記述の正当性に関して広範な議論や論争があるとしても、それは全く驚くには当たらないのである。言語理論について――さらには英語の文法に関して――提出されるいかなる結論も全て暫定的なものであるということは、この分野で研究している誰にとっても間違いなく明らかなはずである。（このことは、洞察をもたらすような定式化を拒む言語現象が極めて広い範囲にわたって存在していることを考えるだけでも充分納得がいくことであろう。）とはいえ、ある程度実質的な結論が得られつつあり、またそれらを支持する証拠が次々と得られていることも事実であるように思われる。特に、経験的に妥当ないかなる生成文法においても文法的変換が中心的役割を果たしているということは――変換文法の理論の適正な形式とは何かということに関して多くの問題が残っているとしても――極めて確かな結論として確立されているように私には思われる。

本書は、変換文法の研究の過程で生じてきた様々な問題を探究した研究書である。変換文法は、議論のための一般的枠組みとして以下の議論では一貫して仮定されている。

本書で論点となっているのは、この理論が厳密にどのような形で定式化されればよいのかという問題である。従って、本研究では変換文法の研究の最前線における諸問題を扱うことになる。いくつかの問題については確定的な解答が与えられているが、問題となる論点が単に提起され、それらに対する可能なアプローチが考察されるだけで、確定的な結論には到らないことの方が多い。第三章において、生成文法の理論が取るべき方向性として最も期待が持てると(ここでの議論に照らして)思われるものを簡単に素描するつもりである。しかし、これも非常に暫定的な提案に過ぎないということは、再度強調しておきたい。

本書の構成は以下の通りである。第一章は研究の背景となる諸々の想定を述べている。この章には新しいことはほとんど含まれていない。ただ、生成文法の研究にとって本質的であり、またいくつかの場合には度重なる誤解にさらされてきた諸論点を要約し明確化するのがこの章の目的である。第二章と第三章は、変換文法に関するこれまでの理論が持つ様々な欠陥を取り扱っている。これらの章の議論の対象となっているのは、Chomsky(1957), Lees(1960)、その他多数の著作で提案された立場である。これらの著者たちは、変換文法の統辞部門がその基底部(base)としての句構造文法と、基底部によって生成された構造を実際の文に写像する変換のシステムから構成されているとしている。この立場は第三章の初めの部分で簡単に述べ直されることになる。第二章で統辞部門の基底部と、それが厳密な意味において句構造文法であるという仮定から生じてくる諸々の難点が取り扱われる。第三章では、変換部門の改訂とそれが基底構造に対して持つ関係が示唆されている。「文法的変換」の概念自体は(いくつかの単純化はなされているものの)変更なしで引き継がれている。第四章では様々な残された問題が提起され、それらが簡単に、またいささか不充分な形で議論される。

この本の原稿を読んで非常に有益なコメントをくれた多くの友人や研究仲間に感謝したい。特に、たくさんの貴重な改良点を示唆してくれたモーリス・ハレとポール・ポウスタルには多くを負っているし、ジェロルド・カッツ、ジェイムズ・マコーリー、ジョージ・ミラー、そしてG・H・マシューズにも負うところがある。この本の内容を講義で論じたときに多くの学生から受け取った反応やアイデアも相当実質的な修正に繋がった。これらの学生たちにも感謝したいと思う。

本書の執筆は、部分的にはハーバード大学に対するアメリカ国立衛生研究所からの研究費(研究費番号 MH05120-04, -05)によって、また一部はアメリカ諸学会評議会からのフエローシップの援助を受けて、筆者がハーバード大学認知研究センターに滞在中に行なわれた。

一九六四年十月
マサチューセッツ州ケンブリッジにて

ノーム・チョムスキー

1　言語能力の理論としての生成文法

この研究では、統辞理論および英語の統辞法についての様々な話題に触れる。少数の話題に関してはある程度詳しく論じるが、他のいくつかの話題については極めて表面的にしか触れないし、網羅的に取り扱われている話題は一つもない。本研究が扱うのは、生成文法の統辞部門である。すなわち、形式素(formatives)と呼ばれる最小の統辞的機能単位から成る適格な連鎖を指定し、これらの適格連鎖、および何らかの点で適格性から逸脱している連鎖に対して、様々な種類の構造的情報を付与する諸規則を取り扱うことになる。

この研究を進める上での一般的枠組みについては、既に多くのところで述べられているので、読者が参考文献に載っている理論的・記述的研究について、ある程度親しんでいることを前提とする。この章では、背景となる主だった仮定のいくつかについて手短かに見ていくが、ここでの議論はそれらの仮定を正面から正当化しようとするものではなく、それらの明確な概説を試みたに過ぎない。

言語理論は、主として、完全に等質的な言語共同体における理想的話者‐聴者(ideal speaker-listener)を対象として取り扱う。理想的話者‐聴者とは、自分の言語について完璧な知識を持ち、その言語についての知識を実際の言語運用において使用する際、記憶の限界であるとか、他のことに気が散っているとか、あるいは注意や関心の移り変わり、(偶発的な、もしくは個人に特徴的な)誤りなどのような、文法そのものとは関連性のない諸条件に影響されない話者‐聴者のことである。この考え方は、近代の一般言語学の創始者たちが採ってきた立場であると思われるし、また、この立場を修正しなければならないような説得力のある理由は未だに提出されていない。実際の言語運用を研究するには、様々な要因の相互作用を考えなければならず、話者‐聴者が根底に持っている言語能力は、それらの要因の一つに過ぎない。この点で、言語の研究は、他の複雑な現象の経験的研究といささかも異なるところはない。

従って、**言語能力**(competence)——話者‐聴者が持っている言語知識——と言語運用(performance)——具体的状況における実際の言語使用——には、根本的な違いがある。すぐ前の段落で述べた理想化の下でのみ、言語運用は言語能力をそのまま反映したものとなるのである。実際には、言語運用が言語能力をそのまま反映するなどということは、もちろんあり得ない。ありのままの発話を記録したものは、出だしの躓き、諸規則からの逸脱、話している途中での計画変更などを、数多く含んでいる。言語学者にとっての問題は(これはその言語を学習しようとしている子供にとっての問題でもあるわけだが)、ある言語の話者‐聴者が身につけて、実際の言語運用で使用している根源的な規則のシステムを言語運用のデータから決定することである。従って、言語理論は、実際の行動の根元にある心的実在を発見することに関わっているのであるから、専門的な意味でメンタリスティック(mentalistic)であると言える。(1) 言語使用についての観察、仮説として考えられた反応性向(傾性)、そして習慣などは、この心的実在の本質に関しての証拠を提供することはあるかもしれないが、もし言語学が本格的な学問分野であろうとするならば、そういった事柄自体が言語学の実際の主題となることは決してあり得ない。また、ここで論じている言語能力と言語運用の区別は、ソシュールのラング(langue)とパロール(parole)の区別と関連があるが、ソシュールのラングという概念は、単に項目の体系的な目録に過ぎないという点で受け容れがたく、むしろ根源的な言語能力は生成プロセスのシステムであるとするフンボルト流の考えにまで遡る必要がある。このことについての議論は、Chomsky(1964)を参照されたい。

ある言語の文法は、その言語の理想的話者-聴者が持つ内在的言語能力の記述を目的としている。さらに、その文法が完全に明示的である時、言い換えれば、文法が、理解力に優れた読者の知性に頼らずに、そのような読者が行なう寄与を明示的に分析してみせるならば、その文法を――いささか冗長ではあるが――生成文法(generative grammar)と呼ぶことが出来る。

完全に妥当な文法は、無限の拡がりを示す文の一つひとつに対して、その文が理想的話者-聴者によってどのように理解されるのかを示す構造記述(structural description)を与えなければならない。これは、記述言語学の伝統的問題であり、伝統文法は、構造記述についての豊かな情報を提供してくれている。伝統文法は明らかに価値のあるものだが、その一方で、それが対象としている言語の基本的な規則性の多くについて明確に述べないままにしてあるという欠陥がある。このことは、統辞論のレベルで特に明らかである。統辞論においては、単なる個別的な例の分類を超えて、充分な規模において生成規則の定式化という段階へと進んだ伝統文法や構造主義文法は存在していない。現存する最も優れた伝統文法を分析してみれば、このことは観察の詳細さや論理の精密さなどといった問題ではなく、【伝統文法や構造主義文法が持つ】原理上の欠陥であるということが直ちに判明しよう。にもかかわらず、その多くが未知であるこの領域を探求しようとする時、伝統文法によって提供されているような構造に関する情報や、伝統文法が(非形式的にではあるが)提示している類の言語的プロセスの研究などから始めるのが最も有益であるのは、明らかであると思われる。[2]

伝統文法と構造主義文法の限界は明確に認識しておくべきである。これらの文法は、例外や不規則な現象を網羅的にかつ明示的に列挙しているかもしれないが、規則的で生産的な統辞的プロセスについては例を挙げたり示唆を与えたりしているに過ぎない。伝統的な言語理論も、この事実に気付いていなかったわけではない。例えば、James Beattie(1788)は、次のように述べている。

従って、言語は次の点で人間に似ている。各々が特異性を持っていて、それによってお互いに区別されるのだけれども、同時に、全てが、ある特質を共通に持っているという点である。個々の言語の特徴は、それぞれの文法や辞書によって説明される。全ての言語に共通しているもの、つまり、全ての言語にとって必然的なものは、普遍文法または哲学的文法(Universal or Philosophical grammar)と呼ばれる学問で扱われる。

これにやや先だち、Du Marsais(1729)は普遍文法と個別文法(particular grammar)を次のように定義している(Sahlin 1928, 29–30頁で引用されている)。

文法の中には、全ての言語に当てはまる所見があるが、それらが、一般文法(grammaire générale)と呼ばれるものを形成している。これらの所見は、発音される音について、音の記号である文字について、語の性質について、そして、語が意味を成すために従わなければならないような、様々な語の配列の仕方、および語の取るべき形に関して、書かれたものである。このような一般的所見の他に、特定の言語のみに当てはまるものがあるが、それらが個々の言語の個別文法(grammaires particulières)を形成している。

さらに、伝統的言語理論においては、全ての言語が共有している特質の一つは、言語の

「創造的」(creative)側面であるということが、明確に理解されていた。すなわち、言語の最も本質的な性質は、数限りなく多くの思考を表現し、また、限りなく現れる新たなる状況において適切に対応するための手段を提供することである(参考文献については、Chomsky 1964, forthcoming を参照のこと)。それゆえ、個別文法は、普遍文法によって——すなわち、言語使用の創造的側面を提供し、普遍的であるがために個別文法自体からは省かれてしまっているような、深層にある規則性を表わす文法によって——補完されるべきものなのである。従って、(個別)文法が例外や不規則な現象のみを詳しく取り扱うのは、極めて妥当なことである。ある言語の(個別)文法は、普遍文法によって補完されて初めて、話者-聴者の言語能力を充分に説明することが出来るのである。

しかし、近代言語学では、もしある言語の「個別文法」が記述的妥当性を達成しようとするならば、その文法は普遍文法によって補完される必要があるということを、明確には認識してこなかった。実際のところ、近代言語学は、その特徴として、普遍文法の研究は見当違いのものであるとして拒否してきた。また、既に述べたように、言語使用の創造的側面を取り扱おうとはしていなかったのである。従って、近代言語学は、構造主義文法が持つ、記述に関する根本的な欠陥を克服する方法について、何の示唆も与えないのである。

伝統文法(個別的あるいは普遍的いずれであっても)が、文形成や文解釈における規則的プロセスを正確に記述しようとしなかったもう一つの理由は、「思考の自然な順序」なるものが存在し、それが語の順序に反映されているという考えが広く受け容れられていたからである。ゆえに、文形成の規則は、文法ではなく、「思考の順序」を研究する何か他の分野に属するものということになるのである。例えば、『一般・理性文法』(Lancelot and Arnauld 1660)では、修辞的表現を除けば、語の配列は「自然の順序」(ordre naturel)に従っていて、それは「我々が考えていることをそのまま表現したもの」に一致するという説が述べられている。その結果として、省略や倒置などの規則のように、言語の修辞的用法を決めるような規則以外は、文法規則はほとんど定式化する必要はないということになる。これと同様の見解は、様々な形を取りながら随所に見られる。もう一つだけ例を付け加えると、観念を同時にあるいは順次に並べ上げたものが、どのようにして語の順序に反映されるのかという問題に大部分を割いている興味深い論文の中で、ディドロは、語の順序が思考や観念の自然な順序と一致する度合いにおいて、フランス語に匹敵する言語は他にないと結論付けている(Diderot 1751)。例えば、彼は次のように述べている。「古代語や現代語における語の順序がどのようになっていようと、著者の精神は、フランス語の統辞法の規範的な語順に従ってきた」(390頁)。「我々は、フランス語でものを表現するが、それは、どんな言語で表現しようとも、我々の精神がものを考える時に必ず用いざるを得ない方法と同じなのである」(371頁)。見事に首尾一貫した表現で、ディドロは次のように結論付ける。「我々の散文的な言語は、他の言語よりも、感じの良さよりは有用性に優っている」(372頁)。従って、フランス語は科学の分野に適している。それに対して、ギリシャ語・ラテン語・イタリア語・英語は「文学の方に適している」ことになる。さらに、

良識は、フランス語を選ぶであろう。しかし、……想像力や情熱は、古代語や我々の隣人の言語を採るであろう。……社交界や哲学の講義では、フランス語が話されるべきである。そして、ギリシャ語・ラテン語・英語は、演壇や舞台で話されるべきものである。……もしも、いつか、この地球上に真理が再び現れるならば、我々の言語は、真理を述べる言語となっているであろう。そして、……ギリシャ語・ラテン語やその他の言語は、寓話や虚構などを述べる言語となっているであろう。フ

ランス語は、教育したり、啓発したり、納得させたりするための言語だが、ギリシャ語・ラテン語・イタリア語・英語は、人に思い込ませたり、人の心を動かしたり、人をだましたりするための言語である。庶民には、ギリシャ語・ラテン語・イタリア語で話せばよい。しかし、賢人には、フランス語で話すべきである。(371–372頁)

いずれにしても、語の順序が言語とは独立の要因によって決定される限り、個別文法と普遍文法のいずれにおいても語の順序を記述する必要はない。従って、統辞プロセスの明示的な定式化を文法から排除するための、原理付けられた根拠を我々は持つことになるのである。言語構造に関するこのように素朴な考えが、様々な形で現在に到るまで根強く残っていることは、注目に値する。例えば、表現の配列が概念の不定形な配列に対応するというソシュールの考えや、言語使用を単に語や句の用法の問題であるとする、よく見かける説明(例えば、Ryle 1953)などがそういった例である。

しかし、伝統文法にこのような欠陥がある根本的な理由は、もう少し技術的なものである。言語プロセスがある意味で「創造的」であるということはよく理解されていたのだが、再帰的プロセス(recursive processes)のシステムを表現するための技術的な装置が、つい最近まで手に入らなかったのである。実際のところ、言語がどのようにして(フンボルトのことばで言えば)「有限の手段を無限に用いる」(make infinite use of finite means)ことが出来るのかに関して、真の理解が進んできたのは、わずか過去三十年ほどのことであり、それは数学基礎論の研究に伴って出てきたものであると言える。こういった洞察が今や容易に利用できるようになってきており、かつて伝統的言語理論において、取り上げられはしたが解決されなかった諸問題に立ち戻り、言語の「創造的」プロセスを明示的に定式化しようとする試みが可能になっている。要するに、生成文法を全面的に研究するにあたっての技術的障壁は、もはや存在しないのである。

本題に戻ろう。生成文法とは、端的に言えば、明示的で明確に定義された方法をもって文に構造記述を付与する規則のシステムに他ならない。ある言語の話者が、誰でも、その言語についての自分の知識を表わしている生成文法を身につけ内在化しているということは明らかである。だからといって、話者がその文法の規則がどのようなものなのか気付いているとか、気付くことが出来るようになるとか、あるいは話者が自分の言語についての直観的知識を言語化したものが必ず正しいとか、そういったことにはならない。真に興味深い生成文法であれば、どのようなものであっても、その大部分は、現実に意識されているレベル、あるいは意識可能なレベルさえも超えた心的プロセスを扱うことになるだろう。さらに、話者が自分の言語行動や言語能力に関して行なう報告や見解が間違っているかもしれないということは明らかである。従って、生成文法は、話者が自分の言語知識について語るかもしれないことではなく、話者が実際に知っていることを明示的に述べようとするのである。これは、ちょうど、視覚の理論が、人が自分に見えていると思っているものおよびその理由について語った報告ではなく、人が実際に見ているもの、およびそれを決定するメカニズムを説明しようとするのと同様である。もっとも、人が語った報告が、そのような理論に有用な――時には強力な――証拠を提供することはあり得る。

これまでたえず存在してきた誤解を避けるために、生成文法とは話者のモデルでも聴者のモデルでもないと念を押すことは、無駄ではないかもしれない。生成文法は、話者－聴者の実際の言語使用の基盤を提供している言語知識を、可能な限り最も中立的なやり方で特徴付けようとするのである。文法が、ある特定の構造記述を持つ文を生成すると言う時、それは、文法が、その文にその構造記述を付与するということを言っているに過ぎない。ある文が特定の生成文法に関してある派生(derivation, 導出)を持っていると言う時、それは、話者や聴者がどのような過程を経て、実際的あるいは効率的な方法でそのような派生を構築するのかということについては、一切何も述べていないのである。そういった問題は、言語使用の理論、すなわち言語運用の理論に属するものである。もちろん、言語使用に関するまともなモデルが——その基本的部門として——話者-聴者の言語知識を表わす生成文法を組み込んでいるであろうことは、疑う余地がない。しかし、生成文法そのものは、知覚モデルや発話モデルの特性や機能を規定するものではないのである。この点を明確にしようとする様々な試みについては、Chomsky (1957), Gleason (1961), Miller and Chomsky (1963)、その他多数の刊行物を参照されたい。

この問題について混乱が繰り返し起きていることを考えると、術語を変更するのが妥当な処置なのかもしれない。それでもやはり、私は「生成文法」という術語があらゆる点で適切であると考え、これまで使い続けてきた。「生成する」(generate)という術語は、ここで意図している意味で、論理学、特に組み合わせシステムに関するE・ポストの理論ではなじみ深いものである。さらに、「生成する」という術語は、フンボルトのerzeugenという用語の最も適切な訳語であると思われる。フンボルトはerzeugenという用語を頻繁に用いているが、その時、本質的には、ここで意図している意味で用いているように思われる。「生成する」という術語をこのように使用することは、論理学においても言語理論の伝統の中でも充分に確立されているので、術語の変更を行なわなければならない理由はないと思う。

2　言語運用の理論をめざして

言語運用の研究はその根底にある言語能力についての理解が及んでいる範囲内でしか進展しない、という従来の考え方に疑問をさしはさむ余地は、ほとんどないように思う。さらに、言語運用についての最近の研究は、この考え方に新たな支持を与えているように思われる。私の知る限り——音声学の分野以外では——言語運用の理論に関して達成された具体的な成果や発表された明確な提案は、ある特定の種類の生成文法を組み込んだ言語運用モデルの研究、すなわち、根底にある言語能力についての仮定に基づいた研究から得られたものしか存在しないのである(3)。特に、記憶の構成や記憶の限界によって課される言語運用に対する制約に関して、また、様々な種類の逸脱文を形成するのに文法装置が利用されることに関しては、示唆に富む観察がなされている。これらのうち後者の問題については、『諸相』第二章および第四章で再び取り上げるつもりである。ここでは、言語能力と言語運用との区別をさらに明確にするために、記憶・時間・アクセスに関しての制約を持つような運用モデルについての研究が、過去数年間にもたらした示唆と結果を手短かに述べることが有益であろう。

以下の議論においては、「容認可能な」(acceptable)という用語は、完全に自然で、紙と鉛筆を使って分析しなくてもすぐに理解可能であり、奇妙なところあるいは異様なところがないような発話を指すものとする。明らかに、容認可能性は程度問題であり、またその決定は様々な次元にわたっているということになるだろう。この概念をより精密に規定するために、種々の操作的テスト(例えば、想起や認識の速さ・正確さ・一様性、イントネーションが通常のものであるかどうかなど)を提案することも可能であろう。(4) しかし、ここでの議論の目的からすると、容認可能性という概念を、さらに入念に規定する必要はない。例を見てみよう。(1)の文は(2)の文に比べて、ここで意図された意味での容認可能性が多少高いと言える。容認可能性がより高い文は、発話される可能性がより高く、より理解しやすく、ぎこちなさがより少なく、ある意味でより自然な文で

(1)(i) I called up the man who wrote the book that you told me about (あなたが私に話してくれた本を書いた男の人に私は電話をかけた)

(ii) quite a few of the students who you met who come from New York are friends of mine (あなたが会ったニューヨーク出身の学生達のうちのかなりの数の人は私の友人です)

(iii) John, Bill, Tom, and several of their friends visited us last night (ジョン, ビル, トム, そして彼らの友人の何人かが昨夜我々を訪ねてきた)

(2)(i) I called the man who wrote the book that you told me about up (あなたが私に話してくれた本を書いた男の人に私は電話をかけた)

(ii) the man who the boy who the students recognized pointed out is a friend of mine (その学生達が見たことがあると言った男の子が指し示した男の人は私の友人です)

ある。(5) 容認不可能な文の場合は、実際の談話で使うのを避け、出来る限り、より容認可能性の高い交替形によって置き換えようとするであろう。

「容認可能な」という概念は、「文法的な」(grammatical)という概念と混同されてはならない。容認可能性(acceptability)が言語運用の研究に属する概念であるのに対し、文法性(grammaticalness)は言語能力の研究に属する概念である。(2)の文は、容認可能性は低いけれども、専門的な意味における文法性の尺度から言うと高い位置にある。つまり、この言語（＝英語）の生成規則は、（1）の文のような、（2）の文よりもいくらか容認可能性の高い文に解釈を付与するのと全く同じ方法で、（2）の文にも解釈を付与するのである。容認可能性と同様に、文法性も明らかに程度問題であるが（Chomsky 1955, 1957, 1961a を参照）、文法性の尺度と容認可能性の尺度は一致しない。文法性は、相互に作用し合って容認可能性を決定する数多くの要因のうちの一つに過ぎないのである。このことに対応して、容認可能性を規定する様々な操作的テストを提案することは出来るかもしれないが、文法性という、ずっと抽象的でまた遥かに重要な概念に対する必要にして十分な操作規準を作り出せるということは、ありそうもないことである。容認不可能で文法的な文は、使用できないことがしばしばあるが、その理由は文法に関するものではなく、記憶の限界、イントネーションや文体上の要因、談話の「類像的・イコン的」(iconic) 要素（例えば、論理的主語や目的語を、文の後ろの方にではなく前の方に置く傾向。『諸相』第二章註32、第三章註9を参照）等々に関連するものである。容認不可能な文の特性を文法上の概念を用いて記述することは、全くもって不可能であることに注意すべきである。例えば、容認不可能な文を排除するように特別な文法規則を設けることは出来ないし、また、文を生成する際に文法規則が繰り返し適用される回数を制限するという方法で、容認不可能な文を排除することも出来ないことは明らかである。なぜならば、容認不可能性は、異なった規則がそれぞれ一回ずつ適用されるだけでも充分生じ得るからである。実際、容認不可能な文は、派生や派生が定義する構造が持つ、何らかの「大域的」(global)特性——すなわち、ある特定の一つの規則ではなく、派生における諸規則の相互関係の仕方に起因する特性——によってのみ、その特徴付けが出来るであろうことは明らかなのである。

これまで見てきたことは、言語運用の研究を、文法的な文の中で最も形式的に単純な構造の容認可能性を調べることから始めるのが得策であることを示している。発話が持つ最も明らかな形式的特性は、それが様々なタイプの構成素に分けられ括弧表示されること、すなわち、発話と結び付いた「木構造」(tree structure)が与えられることである。そして、そのような構造は様々な種類に区別することが出来る。例えば、ここでの議論のために、(3)のような専門的名称で一般的に呼ばれている構造を区別することにしよう。二つの句(phrases)A、Bが入れ子構造を成しているとは、Aが完全にB内に入っており、かつ、B内で、Aの左側にも右側にも空でない要素が存在する場合である。例えば、先に挙げた(2・i)において、the man who wrote the book that you told me about とい

(3)(i) 入れ子構造(nested constructions)
(ii) 自己埋め込み構造(self-embedded constructions)
(iii) 多項枝分かれ構造(multiple-branching constructions)
(iv) 左枝分かれ構造(left-branching constructions)
(v) 右枝分かれ構造(right-branching constructions)

う句は、called the man who wrote the book that you told me about up という句に入れ子状に埋め込まれていることになる。AがB内に自己埋め込みされているとは、AがBに入れ子状に埋め込まれており、加えて、AがBと同じタイプの句である場合を指す。例えば、（2ⅱ）において、who the students recognized は、who the boy who the students recognized pointed out に自己埋め込みされている。両方の句とも関係節だからである。このように、入れ子構造は構成素の括弧表示に関係しており【例えば、［called［the man who wrote the book that you told me about］up］】、自己埋め込みは括弧表示だけではなく、括弧に付けられたラベルにも関係していることになる【例えば、［$_{\mathrm{RC}}$ who the boy［$_{\mathrm{RC}}$ who the students recognized］pointed out］（RCは関係節を表わすラベル）】。多項枝分かれ構造とは、内部構造を持たない構造のことである。先に見た（1ⅲ）の主語名詞句は、多項枝分かれ構造である。なぜならば、John, Bill, Tom および several of their friends は主語名詞句の直接構成素であり、これらの要素間にはそれ以上の結び付きが存在しないからである。括弧表示を用いれば、多項枝分かれ構造は［［A］［B］…［M］］と表わせる。左枝分かれ構造は、［［［［…］…］…］…］という形になる。例えば、英語では、［［［［John］'s brother］'s father］'s uncle］（ジョンの兄弟の父親のおじ）であるとか［［［the man who you met］from Boston］who was on the train］（あなたが会った、ボストンから来た、電車に乗っていた男の人）のような際限なく繰り返すことが出来る構造や、（1.ii）のように数種類の左枝分かれ構造が組み合わされたものがある。右枝分かれ構造とは、左枝分かれ構造と反対の性質を持っている構造である。例としては、（1.i）の直接目的語の部分や［this is［the cat that caught［the rat that stole the cheese］］］（これが、そのチーズを盗ったねずみを捕まえた猫です）などがある。

文構造のこういった表面的な側面が言語運用に及ぼす影響に関しては、生成文法についての最近の研究が始まった時期とほとんど同じ頃からの研究課題であった。そして、文構造の表面的な側面が持つ、容認可能性を決定する上での役割——すなわち言語運用を制約するにあたっての役割——について、示唆に富む観察もいくつか示されている。この種の研究を簡潔にまとめると、（4）のような所見が妥当であるように思う。

このような現象も、ある程度は容易に説明できる。例えば、最適知覚装置を用いれば、

(4)(i) 入れ子構造を繰り返すと，容認不可能性を助長する．

(ii) 自己埋め込み構造は，容認不可能性をさらに一層強く助長する．

(iii) 多項枝分かれ構造は，容認可能性においては最適である．

(iv) 長く複雑な要素の入れ子状の埋め込みは，容認可能性を低くする．

(v) 左枝分かれ構造あるいは右枝分かれ構造のみを含んでいるもので，容認不可能となるような明らかな例はない．但し，このような構造は別の意味で不自然である．例えば，右枝分かれ構造である this is the cat that caught the rat that stole the cheese を読む時，イントネーションの切れ目は，通常，間違った場所(すなわち，主要な括弧が現れるところではなく，cat と rat の後)に挿入される．

たとえ知覚装置の記憶が有界であっても、無限の左枝分かれ構造および右枝分かれ構造を受容することが可能だが、これに対して、入れ子構造は(従って、最終的には自己埋め込み構造も)、そのような知覚装置の記憶容量を超えるものであることが知られている(Chomsky 1959a を参照。議論については Chomsky 1961b; Miller and Chomsky 1963 を参照)。従って、(4 i)は単に記憶の有限性から生じる結果に過ぎず、(2 ii)のような例が容認不可能であることは特に問題にはならない。

もし(4 ii)が正しければ、[6] 記憶容量は有限であるという当たり前の事実を超えて、記憶の構成についてある一定の結論を支持する証拠を我々は手にすることになる。Chomsky(1959a)で議論されているタイプの最適有限知覚装置(optimal finite perceptual device)では、自己埋め込み構造を扱う場合でも、他の種類の入れ子構造を処理する場合に伴う困難さを超える困難さが生じるわけではない(この点に関する議論については、Bar-Hillel, Kasher, and Shamir 1963を参照)。自己埋め込み構造がより一層容認不可能であることを(このことが事実だと仮定して)説明するためには、単なる記憶の限界という制限以上の何か別の条件を知覚装置に付け加えなければならない。例えば、知覚装置は、それが利用できるような解析手続のストックを蓄えていて、各々の種類の句に対応して別個の解析手続が備わっており、そして、解析手続φを実行している間は、同じ解析手続φを利用することが出来ない(または、利用するのが難しくなる)ように知覚装置が構成されている、と仮定することが出来るかもしれない。これは、知覚モデルが持つべき必然的な性質ではないが、かなり妥当なものではあり、(4 ii)を説明することも出来る。このことに関しては、Miller and Isard(1964)を参照されたい。

（4 iii）の場合のように、多項枝分かれ構造の容認可能性が高いということは、句の数の形式素の数に対する比（すなわち、文の木構造図における、節点・終端節点間比率（node-to-terminal node ratio））が、解析の際に実行されなければならない計算量を計るおおまかな尺度であるとする、かなり妥当な仮定によって容易に説明できる。よって、多項等位接続構造は、解析装置にとって、最も単純な種類の構造であるということになる。つまり、多項等位接続構造は、記憶にかかる負担が最も少ないのである。(7) このことに関しての議論は、Miller and Chomsky（1963）を参照。

（4 iv）は、おそらく、記憶の減衰を示すものだが、未だ解決されていない諸問題を提起している（Chomsky 1961b, 註19【Fodor and Katz 1964 所収の版では註18に対応】を参照）。

（4 v）は、先ほど述べた最適知覚モデルについての結果から導き出されるものである。しかし、左および右枝分かれ構造が、ある点を超えると不自然になるというのが事実だとしたら、それは一体なぜなのかはよく分かっていない。(8)

（3）で挙げられているものほど表面的でない文法構造の諸側面に注目すれば、言語運用モデルについて、いくらか深い結論が得られるのではないかと問うてみることも出来るであろう。そして、それは充分可能なことのように思える。例えば、Chomsky and

Miller(1963)では、知覚装置のより詳細な構成についての提案(もちろん、極めて思弁的なものであるが)を支持する証拠として、統辞的および知覚的研究を挙げている。一般に、生成文法を組み込んだ言語運用モデルの研究は、実り豊かなものであるように思われる。さらに言えば、言語運用の理論が発展していくための基礎となるようなものが、これ以外にあるとは想像しがたいのである。

生成文法における研究に対しては、それが根底にある言語能力を重視するあまり、言語運用の研究を軽んじているという理由をもって、相当な量の批判がなされてきた。しかし、事実は、音声学の分野以外(但し、註3を参照のこと)のところで行なわれた言語運用に関する研究は、生成文法における研究の副産物として行なわれてきたものばかりであるように思われる。特に、上で要約した、記憶の限界に関する研究や、(『諸相』第二章および第四章でまた取り上げるが)文体的な修辞的技巧としての規則からの逸脱についての研究は、まさしくそのようにして発展してきたものである。さらに、こういった方向での研究は、言語運用に対する何らかの洞察を与えてくれようとしているように思える。従って、今述べた批判は、正当な理由を欠くものであると同時に全くの見当違いである。実際に言語運用の理論の発展を妨げてきた要因は、記述主義者が、その原則として、データを分類しまとめること、観察された発話データから「型を抽出すること」、そして(こういったものが存在する限りにおいてだが)「発話習慣」あるいは「習慣構造」等々を記述することに研究内容を限定してきたところにあるのである。

3　生成文法の構成

言語能力と、それを記述することを目的としている生成文法の問題に話を戻そう。ここでもう一度、ある言語の知識は、無限に多くの文を理解する潜在的な能力を伴うものであることを強調しておきたい。(9) 従って、生成文法は、無限に多くの構造を生成するために、繰り返し適用することが許されるような規則のシステムでなければならない。この規則のシステムは、生成文法の三つの主要部門、すなわち、統辞部門、音韻部門、意味部門に分けることが出来る。(10)

統辞部門は、抽象的な形式的構造体(abstract formal objects)が成す無限集合を指定するものであり、そのような構造体の各々が、ある特定の文のある一つの解釈に関連する全ての情報を組み込んでいる。[11] ここでは、統辞部門のみを扱うつもりなので、「文」(sentence)という用語は、音から成る連鎖ではなく、形式素から成る連鎖を指すのに用いることにする。形式素から成る連鎖は、(自由変異を除けば)音から成る連鎖を一意的に特定するが、その逆は成り立たないということを忘れないようにしよう。

文法の音韻部門は、統辞規則によって生成された文の音声形式を決定する。すなわち、音韻部門とは、統辞部門によって生成された構造を音声的に表示された信号へと関係付けるものである。意味部門は、文の意味解釈を決定する。すなわち、意味部門とは、統辞部門によって生成された構造を何らかの意味表示へと関係付けるものである。従って、音韻部門と意味部門は共に、純粋に解釈的(interpretive)であるということになる。音韻部門および意味部門は、それぞれ、統辞部門によってもたらされる、形式素、形式素の内在的性質、そして、与えられた文の中における形式素間の相互関係についての情報を利用する。それゆえ、文法の統辞部門は、各々の文に対して、その文の意味解釈を決定する深層構造(deep structure)と、その文の音声解釈を決定する表層構造(surface structure)とを指定しなければならない。深層構造は意味部門によって解釈され、表層構造は音韻部門によって解釈される。[12]

表層構造と深層構造とは常に同一になると思われるかもしれない。事実、近代構造主義(分類学的)言語学に登場する諸々の統辞理論の特性を簡潔に述べれば、それらは、深層構造と表層構造とが実際に同一であるという仮定に基づいているものである、と言うことが出来るかもしれない(Postal 1964a; Chomsky 1964 参照)。これに対して、変換文法(transformational grammar)の中心的アイデアは、深層構造と表層構造は一般的には異なるものであり、表層構造は、より基本的な構造体に「文法的変換」(grammatical transformations)と呼ばれる形式的演算を繰り返し適用することによって決定される、というものである。もしこれが正しいとすれば(以後、正しいと仮定して論を進めるが)、統辞部門は、各々の文に対して深層構造と表層構造を生成し、それら二つの構造を関係付けなければならない。この考えは、以下の議論で述べるような形で、最近の研究によってかなり明確化されてきている。『諸相』第三章では、この考え方をどのようにして精確に定式化すれば良いのかということに関して、ある特定の(そして部分的には新しい)提案を行なうつもりである。さしあたりは、実際の形式素から成る連鎖を直接構成素分析(ラベル付き括弧表示(labeled bracketing))を用いて分析することは、表層構造を説明する上では充分であるかもしれないが、深層構造を説明するには明らかに不充分であるということを述べておけば足りるであろう。『諸相』で私が問題にしたいのは、主に深層構造であり、特に、深層構造を構成している基本的な構造体である。

説明を理解しやすくするために、以下の用語を用い、議論の進行に従って折々改訂していくことにする。

統辞部門の基底部(base)とは、基底連鎖(basic string)から成る、極めて限定された(おそらく、有限の)集合を生成する規則のシステムである。各々の基底連鎖は、基底句標識(base Phrase-marker)と呼ばれる構造記述と結び付いている。これらの基底句標識は、深層構造を構成する基本単位である。基底部の規則によって曖昧性は生じないものと仮定することにする。この仮定は、私には正しいように思われるが、いずれにせよこれから先の議論にとっては——説明を簡単にしてはくれるものの——重大な影響はない。言語の各々の文は、その背後に統辞部門の基底部によって生成された基底句標識の列を持つ。この列のことを、その文の根底にある基底(basis)と呼ぶことにする。

生成文法の統辞部門は、基底部に加えて、変換下位部門を持つ。この下位部門は、基底から、表層構造を伴った文を生成することに関わる部門である。以下の議論では、変換規則という演算とその作用について、読者がある程度親しんでいることを前提にする。

基底部は、基底句標識の限定された集合しか生成しないのであるから、ほとんどの文は、その根底にある基底として、そういった構造体【すなわち、基底句標識】の列を持つことになる。一方、【列ではなく】単一の基底句標識をその基底として持つ文の中に、「核文」(kernel sentences)と呼ばれる真部分集合を定めることが出来る。核文とは、その生成に最小限の変換装置しか関わっていないような、特別に単純な種類の文である。「核文」という概念は、直観的には重要な意義を持っていると思われるが、文の生成や解釈において特別な役割を果たすわけではないので、ここではこれ以上核文については触れないことにする。ちなみに、核文と、核文の根底にある基底連鎖とを混同しないように気を付けなければならない。基底連鎖や基底句標識の方は、言語使用において、特別な、そして、決定的に重要な役割を果たしているように思われる。

ここでは、変換について詳しく論じるつもりはないので、基底として単一の要素しか持たないような文の場合は、その文の根底にある基底連鎖と、文そのものとを、特に注意して区別するということはしないつもりである。言い換えれば、これからの説明の中の随所で、(基底として単一の要素しか持たないような文の場合には)根底にある基底連鎖が文そのものであり、また、基底句標識は深層構造でもあり表層構造でもあるという、簡略化のための（事実に反した）暗黙の仮定をするつもりである。起こり得る混乱を最小限に抑えるような例を選ぶつもりではあるが、簡略化のための仮定については、これをずっと心に留めておくことが必要であろう。

4　文法の正当化

生成文法の統辞部門に関する研究の話題に直接入る前に、正当化および妥当性についてのいくつかの方法論上の問題を少し考えておくことが重要である。

まず初めに、話者‐聴者の言語能力、つまり、話者‐聴者が持っている言語知識に関する情報を、どのようにして得たら良いのかという問題がある。興味深く重要な事実がたいていそうであるように、言語能力・言語知識に関する情報も、直接観察できる形で提示されているわけではなく、また、現在知られているどのような種類の帰納的手続によっても、データから直接引き出すことは出来ない。言語運用に関する実際のデータが――（母語話者またはその言語を学習した言語学者による）内観的報告と共に――根底にある言語構造についての仮説が正しいかどうかを決定するための多くの証拠を提供するであろうことは明らかである。この立場は、実際のところは広く一般に受け容れられているのであるが、一方で、根底にある実在に対する証拠として、観察された言語運用や内観による報告を用いることには抵抗があることを示しているように思える方法論上の議論も見られる。

手短かに言えば、言語構造についての事実に関して、信頼できる情報を得ることが出来る、妥当で形式化可能なテクニックは、現在一つも知られていないというのが、残念ながら事実なのである(そして、これは特に驚くべきことでもない)。換言すれば、母語話者の言語直観に関する有意義な情報を得るための、信頼できる実験的手続きまたはデータ処理上の手続は、ほとんど存在しないのである。ある操作的手続が提案された場合、その妥当性が検証されなければならないが、これは、ちょうど、言語直観の理論である文法が、その妥当性の検証を必要とするのと同じである。そして、妥当性の検証は、その手続が指定し記述しようとしている、潜在的言語知識によって与えられる基準に照らして行なわれる、ということを心に留めておくことが重要である。従って、例えば語への分節に関しての操作的テストが提案されたとすると、そのテストは、決定的で明白な場合の多くにおいて、語に関する母語話者の言語直観に一致する、という経験的条件を満たしていなければならないのである。そうでなければ、その操作的テストには価値がないことになる。これと同じことが、どのような操作的手続や文法的記述が提案された時にも当てはまることは、明らかである。もし、このようなテストを通過した操作的手続が得られたとすれば、明白ではなく検証が難しいような場合においても、その操作的手続の結果を信頼してもかまわないということになるかもしれない。しかしながら、そのようなことは、現状で取り組める問題というよりは、依然として将来に向けての希望であるに過ぎない。これが、現在の言語研究が置かれている客観的状況なのである。「情報引き出し(誘出)の手続」であるとか「客観的方法」であるとかの概念をあたかも周知のものであるかのように仄めかすことは、言語研究が当面置かれている現実の状況を単に分かりにくくさせるだけである。さらにまた、言語学における、より深い、そしてより重要な理論的概念(例えば、「文法性」や「パラフレーズ」など)についての信頼できる操作的規準が、やがては得られると期待する理由は何もないのである。

これまでに開発された信頼できる操作的手続などというものはほとんど存在しないが、それでも母語話者の言語知識についての理論的(すなわち、文法的)研究は、何の問題もなく進めることが出来る。今日の文法理論にとっての重大な問題とは、証拠が不足しているることではなく、現在の言語理論が妥当でないために、ほとんど疑問の余地がないような多くの証拠さえも説明できないことなのである。文法学者にとっての問題は、母語話者(それは、しばしば、文法学者自身であるが)の言語直観に関する、疑問の余地のない莫大な量のデータの記述——可能な場合には、その説明——を構築することである。そして、操作的手続に携わっている人にとっての問題は、正しい結果を与え、問題となっている区別がきちんと出来るようなテストを開発することである。現在のところ、文法の研究にしても、有用なテストを開発しようとする試みにしても、結果を確認するための証拠が欠如しているという理由でその進展が妨げられているなどということはない。文法の研究と有用なテストの開発というこれら二つの作業が収束することを期待することは出来ようが、それらが何らかの重要性を持つためには、母語話者の無意識の言語知識という一点で収束しなければならないのは明らかであろう。

現行の言語学が、内観的証拠や母語話者の言語直観にこのような優先権を与えなければならないということは、言語学を科学の領域から追い出してしまうことになるのではないか、と疑問を持つ人が居るかもしれない。このような、本質的には「科学」という用語の定義についての問いへの答えが、何らかの重大な問題と関係することは一切ないように思われる。この問いへの答えは、せいぜいのところ、現在我々の手中にある技術や理解の枠内で効果的に行なえる種類の研究のことを一体どのように呼ぶべきかを決めることに過ぎない。しかし、この用語上の問題も、実のところ、多少なりとも興味深い別の問題には関係しているのである。つまり、成功を収めている諸科学にとって、洞察の探求と客観性に対する関心のどちらが、これまでその重要な特性であったのか、という問題である。社会科学や行動科学は、洞察や理解について結果としてほとんど得るものがなくても客観性を追求することは可能である、という証拠を充分に提供してくれている。一方、自然科学が一般に客観性を追求してきたのは、それが、洞察を得るための——すなわち、より深い説明を可能とする仮説を示唆あるいは検証するような現象を提供するための——道具である限りにおいてである、という見方も充分に成立するであろう。

いずれにせよ、(客観性そのものを目標とするのではなく)洞察や理解に関心を向けるのであれば、より広範に、そして、より精密に現象を記述することが、自分が直面している問題を解決する上で果たして意義があるのかどうか、もし意義があるのであればどの程度なのかを、それぞれの研究の一定の段階において研究者は問わなければならないのである。言語学においては、より客観的なテストによってデータをさらに研ぎ澄ますことは、当面の問題にとってそれほど重要ではないことのように思われる。もし、言語学が置かれている現在の状況についてのこのような評価に異論があるのならば、より客観的な操作的テストが言語構造の新たなそしてより深い理解に繋がっていくことを示すことによって、そのようなテストが現時点において重要であるという考えを正当化すべきである。現在豊富に入手できる種類のデータでは言語構造に関するより深い問題を解決するのには不充分であるような時期が、将来やって来るかもしれない。しかし、今日、現実的に、かつ、意義深い形で定式化することが出来る問題の多くは、実験技術の客観性を著しく進展させなければ入手できない、あるいは到達できないような類の証拠を必要とはしていないのである。

どのような文法、言語理論、または操作的テストが提案されようとも、話者–聴者の言語直観がそれらの正確さを決定する最終的な基準である、という従来の仮定を避けて通ることは出来ない。しかし、この潜在的知識は、言語使用者が直接利用できるようにはなっていない可能性が高いということを、ここでもう一度強調しておかなければならない。こう述べると、何か逆説的であるかのように思う人もいるかもしれないので、そういった懸念を取り除くために、例を二、三挙げて説明することにしよう。

もし、flying planes can be dangerous のような文が、適切に構成された文脈で提示されたとすると、聴者はすぐにその文を一通りに解釈してしまい、それが多義的であることに気付かないであろう。実際、聴者は、(文脈からの圧力の下、最初にどちらの解釈を自分が選択したかにかかわらず)、第二の別の解釈があることを指摘されると、それを無理があるとか不自然であるとか言って受け容れないかもしれない。にもかかわらず、聴者が持っている言語の直観的知識は、何らかの形で聴者の内に内在化されている文法によって、その文に両方の解釈(それぞれ、flying planes are dangerous(飛んでいる飛行機は危険である)と flying planes is dangerous(飛行機を飛ばすことは危険である)に対応している)を付与するようなものであることは、明らかである。

今述べた例においては、文の多義性を認識することは比較的簡単かもしれない。しかし、今度は(5)のような文を考えてみよう。自らの内に内在化された文法が、実際には、この文に対して少なくとも三つの構造記述を与えるという事実に気が付く聴者は、ほとんど居ないだろう。それにもかかわらず、この事実は、(5)の文に文脈を付け足しても

(5) I had a book stolen

う少し手をかけることによって、意識にのぼらせることが出来る。例えば、(i) I had a book stolen from my car when I stupidly left the window open(おろかにも窓を開けっ放しにしていた時に、車から本を盗まれた)、すなわち someone stole a book from my car(誰かが私の車から本を盗んだ)。(ii) I had a book stolen from his library by a professional thief who I hired to do the job(私は、その仕事をさせるために雇ったプロの泥棒に、彼の書斎から本を盗ませた)、つまり I had someone steal a book(私は、ある人に本を盗ませた)。(iii) I almost had a book stolen, but they caught me leaving the library with it(私は、もう少しでまんまと本を盗みおおせるところだったのだが、その本を持って図書館から出ようとするところを見つかってしまった)、すなわち I had almost succeeded in stealing a book(私は、もう少しでまんまと本を盗みおおせた)。このようにして(5)の文が持つ三重の多義性を意識にのぼらせるにあたって、我々は聴者に新たな情報は一切提示しておらず、また、その言語について何ら新しいことも教えていない。ただ、それまではっきりしていなかった自分の言語直観を聴者が明瞭に意識できるように、物事を整えるだけなのである。

(6) I persuaded John to leave（私は，説得してジョンを立ち去らせた）

(7) I expected John to leave（私は，ジョンが立ち去るだろうと思っていた）

最後の例として、(6)と(7)の文を考えてみよう。聴者の第一印象は、これらの文は同一の構造分析を受けるというものであろう。かなり注意深く考えたとしても、聴者の内在化された文法がこれらの文に非常に異なった統辞記述を付与するということを示すことは出来ないかもしれない。実際、私が知り得た範囲では、これら二つの構文に根本的な違いがあると指摘した英文法は、これまで一つもない（特に、Chomsky 1955, 1962a における、私自身の英文法素描においても、この違いには気が付いていない）。しかしながら、(6)と(7)が構造上平行的でないことは、明らかなのである。その違いは、(8)と(9)の文を考えることによって明確にすることが出来る。(9・i)と(9・ii)の文は、「知的意味において同義」(cognitively synonymous)である。すなわち、一方は、もし、もう一方が真ならば、かつその時に限り、真である。しかし、(8・i)と(8・ii)の間には、いかなる種類の弱いパラフレーズ関係でさえも成り立たない。従って、(8・i)は、(8・ii)の真偽とは全く無関係に真にも偽にもなり得るのである。(9・i)と(9・ii)の間に、暗

(8)(i) I persuaded a specialist to examine John（私は，専門医を説得して，ジョンを診察してもらった）

(ii) I persuaded John to be examined by a specialist（私は，ジョンを説得して，専門医に診察してもらうようにさせた）

(9)(i) I expected a specialist to examine John（私は，専門医がジョンを診察するだろうと思っていた）

(ii) I expected John to be examined by a specialist（私は，ジョンが専門医によって診察されるだろうと思っていた）

示的意味、「主題・話題」、強調などに関してどのような相違があろうとも、その相違はまさに、a specialist will examine John（専門医がジョンを診察するだろう）という能動文と、それに対応する受動文 John will be examined by a specialist（ジョンは専門医によって診察されるだろう）との間に見られる相違に他ならないのである。しかし、このことは(8)については全く当てはまらない。実際、(6)と(8 ii)の根底にある深層構造は、John が埋め込まれた文の文法上の主語であると同時に、（主文の）動詞句の直接目的語であることを示さなければならない。さらに、(8 ii)においては John が埋め込まれた文の論理的直接目的語であり、それに対して、(8 i)では、a specialist という句が（主文の）動詞句の直接目的語であると同時に埋め込まれた文の論理的主語でもある。しかし、(7)、(9 i)および(9 ii)においては、名詞句 John(7)、a

(10)（i）名詞句 — 動詞 — 名詞句 — 文
（*I* — *persuaded* — *a specialist* — *a specialist will examine John*）
（ii）名詞句 — 動詞 — 名詞句 — 文
（*I* — *persuaded* — *John* — *a specialist will examine John*）

(11)（i）名詞句 — 動詞 — 文
（*I* — *expected* — *a specialist will examine John*）
（ii）名詞句 — 動詞 — 文
（*I* — *expected* — *a specialist will examine John*）

specialist（9・i）、John（9・ii）は、それぞれ、埋め込まれた文の内部でのみ文法的機能を持ち、それ以外の文法的機能は持っていない。具体的には、John は（9）の埋め込まれた文における論理的直接目的語であり、a specialist はその文における論理的主語であるのみである。従って、（8・i）、（8・ii）、（9・i）および（9・ii）の根底にある深層構造は、それぞれ、（10）と（11）のようになる。[13]（10 ii）と（11 ii）の場合には埋め込まれた文に受動変換が適用され、さらに、（10）-（11）の四つの場合全てにおいて他の諸々の演算が適用され、（8）と（9）に見られる最終的な表層形式が得られるのである。ここでの議論との関連で重要な点は、（9 i）と（9 ii）は、その根底にある構造が本質的に同一であるが、（8・i）と（8・ii）とでは、根底にある構造が異なるということである。これによって、意味の違いが説明できることになる。こういった分析上の違いを支持する証拠として、「I persuaded John (of the fact) that 文」と言うことは出来るが、「I expected John (of the fact) that 文」は許されないという事実に注意されたい。

(6)と(7)の例は、二つの重要な点を例証している。第一に、根底にある深層構造を明らかにする上で、表層構造がいかに役に立たないことがあるかが、これらの例から判る。すなわち、(6)と(7)とでは、表層構造は同じなのだが、その根底にあって意味解釈を決定している深層構造は全く異なっているのである。第二に、これらの例は、話者の潜在的知識というものが捉えにくいものであるということを示している。(8)や(9)のような例が証拠として提示されるまでは、英語話者にとって、自分が内在化している文法が、(6)や(7)のような表面的に類似している文に実は非常に異なる統辞分析を付与するということは、少しも明らかではないのかもしれないのである。

要するに、表面上の類似が、根底にある根本的な違いを覆い隠してしまうことがあること、そして、話者の言語知識や何か他の知識が実際に持っている特性とはどういうものかを決定するのに先だち、話者の直観を——おそらくはかなり巧妙な方法で——導いて引き出す必要があるかもしれないということを見過ごさないように注意しなければならない。どちらの問題点も、新しいものではない(前者は、伝統的言語理論や分析哲学ではありふれた問題であり、後者は、プラトンの『メノン』にまで遡ることが出来るほど古い問題である)。そして、いずれの問題も、あまりにもしばしば見過ごされている。

文法は、ある言語の理論であると考えることが出来る。そして、文法は、理想化された母語話者の内在的言語能力を正しく記述している限りにおいて、記述的に妥当(descriptively adequate)であると言われる。文法が記述的妥当性を満たすためには、その文法によって文に付与される構造記述や、その文法による適格性と逸脱性との区別などが、相当量の重要な部類の決定的事例において、(すぐに本人が気が付くかどうかは別として)母語話者の言語直観に対応していなければならない。

言語理論は、「文法」の定義、すなわち、可能な文法のクラスの指定を含んでいなければならない。もし、ある言語理論によって、各自然言語についての記述的に妥当な文法を得ることが出来るのであれば、その時、文法の場合と対応して、言語理論は記述的に妥当である(a linguistic theory is descriptively adequate)と言うことが出来る。

記述的妥当性でさえ、それを広範囲にわたって達成することは決して容易ではないが、言語理論を生産的に発展させるためには、記述的妥当性よりも遥かに高い目標を追求することが決定的に重要である。より深い問題を明確に定式化しやすくするために、言語の「獲得モデル」(acquisition model)、つまり、言語学習または文法構築の理論の作成という抽象的な問題を考えることが有益であろう。言語を学習した子供が、文がどのように形成され、使用され、理解されるのかを決定する、規則のシステムの内的表示を発達させていることは明らかである。「文法」という術語を体系的多義性をもって用いれば(すなわち、第一には、内的に表示された、母語話者の「自分の言語についての理論」のことを、第二には、言語学者がそれを説明したもののことを意味するとして用いれば)、子供は、既に述べた意味における生成文法を発達させて、内的に表示するようになったと言えよう。子供は、一次言語データ(primary linguistic data)と呼んで良いものの観察に基づいて、このことを成し遂げたのである。一次言語データには、適格文と見なされる言語運用の例が含まれていなければならないが、非文であると示されている例も含まれているかもしれない。また、言語学習に必要とされる類の他の多くの情報も、それらが何であれ、一次言語データに含まれているのは疑いのないことであろう(89–91頁を参照)。こういったデータに基づいて、子供は文法——つまり、一次言語データにおける適格文がその小さなサンプルであるような言語の理論——を構築するのである。[14] 従って、ある言語を学習するためには、子供は、一次言語データが与えられた時、そこから適切な文法を作り上げるような方法を持っていなければならない。すなわち、言語学習の前提条件として、子供は、第一に、可能な人間言語の文法形式を指定する言語理論を持っていなければならない。そして、第二に、一次言語データと適合し、かつ適切な形式を持った一つの文法を選択する方策を持っていなければならないのである。一般言語学にとっての長期的課題として、言語学習の基盤を提供する、この生得的言語理論に関する説明を発展させるという問題を据えることが出来るだろう。(「理論」という用語——この場合は、「個別言語の理論」ではなく、「言語一般の理論」——を、再び、体系的多義性をもって用いていることに注意されたい。つまり、「理論」は、ある特定のタイプの言語を学習する子供が持つ生得的性向のこと、および、言語学者によるその生得的性向の説明、の両方を意味している。)

言語理論が、一次言語データに基づいて、記述的に妥当な文法を選択することに成功している限りにおいて、その言語理論は、**説明的妥当性**(explanatory adequacy)の条件を満たしていると言える。すなわち、この限りにおいて、提示された証拠を処理するためにある特定のタイプの理論を発達させるという、人間の子供が持つ生得的性向に関しての経験的仮説に基づいて、その言語理論は母語話者の直観に対する説明を与えていることになるのである。この種の経験的仮説はいずれも、他の言語から得られる一次言語データに対して記述的に妥当な文法を提供することが出来ないということを示すことにより、(実際には、いたって容易に)反証することが出来る。子供が、他のどの言語でもないどれか一つの言語を学習するような性向をあらかじめ有しているのではないことは明らかだからである。そして、この仮説は、言語構造のある側面に対して適切な説明を与えた時に、つまり、そのような知識が獲得されるに到った方式に関する説明を与えた時に、支持されることになる。

言語学が現在置かれている状況において、広範囲にわたっての説明的妥当性の達成を期待するのが非現実的であることは明らかである。それにもかかわらず、説明的妥当性を考慮に入れることは、言語理論の進展にとって、しばしば決定的な重要性を持つ。単に大量のデータを総体的に丸ごと適用範囲に入れて取り扱うということであれば、お互いに相容れない理論のいずれによってもそれを達成することが出来ることが、しばしばある。まさにこの理由において、大量のデータを丸ごと適用範囲に入れて扱うこと自体では、何ら特別の理論的興味あるいは重要性を持つ成果を達成したことにはならないのである。他のどの分野においても同様であるが、言語学における重要な問題は次のようなデータの複合体を発見することである。すなわち、言語構造についてお互いに相容れない理論の一方は、当該のデータをその場しのぎの手段によってしか記述できないのに対して、もう一方の理論は、言語の形式に関する経験的仮定に基づいてそのデータを説明できるという点において、これらの理論を区別できるようなデータの複合体である。このような、説明的妥当性に関する小規模な研究が、実際のところ、言語構造の本質と何らかの重要な関係を持っている証拠のほとんどを提供してきた。例えば、根本的に異なる文法理論を比較している場合にしろ、そのような理論のある特定の側面が正しいかどうかを決定しようとしている場合にしろ、非常にしばしば正当化の責任を負わなければならないのは、説明的妥当性の問題である。こう言ったからといって、広範囲にわたる説明的妥当性には今のところ手が届かないという事実と矛盾しているわけでは決してない。このことは、言語構造についての経験的主張を正当化しようとする試みは、それがいかなるものであっても、極めて試験的な性格を持っているということを端的に示しているに過ぎないのである。

簡単に要約すれば、「生成文法を正当化する」と言う時、以下の二つの観点がある。一つのレベル(記述的妥当性のレベル)においては、文法は、その対象、すなわち、母語話者の言語直観(潜在的言語能力)を正しく記述している限りにおいて、正当化される。この意味では、文法は、外的(external)根拠、つまり、言語事実との対応という根拠において、正当化される。これよりもっと深い、従って達成されることがさらに稀なレベル(説明的妥当性のレベル)においては、文法は、原理付けられた(principled)記述的に妥当なシステムである限りにおいて——すなわち、この文法と結び付いている言語理論が、一次言語データと適合する全ての文法の中から、他の文法ではなく、この文法を選択する限りにおいて——正当化される。この意味では、文法は、内的(internal)根拠、つまり、言語形式そのものについての説明的仮説を構成する言語理論との関係という根拠において、正当化されることになる。内的正当化、すなわち、説明的妥当性の問題は、本質的には、言語獲得の理論——つまり、言語獲得という偉業を可能にするような、ある特定の生得的能力の説明——を構築するという問題である。

5　形式的普遍性と実質的普遍性

説明的妥当性を目指す言語構造の理論は言語普遍性についての説明を組み込んだものであり、また、その理論は、そういった普遍性に関する潜在的知識が子供に備わっているものであると考える。つまり、子供は、自分に与えられたデータが前もって明確に定義された特定のタイプの言語から取られたものであり、自分にとっての問題は可能な(人間)言語の中から自分が属している共同体の言語はどれかを決定することであるという推定の下にデータに取り組んでいる、と説明的妥当性を目指す理論は主張しているのである。このことが成立しない限り、言語学習は不可能であろう。重要な問題は、子供が言語学習の際に用いる、言語の本質に関しての初期仮定はどのようなものなのか、そして、子供が言語を学習していくにつれて、徐々により明示的に、そしてより分化していくような生得的スキーマ(innate schema)(すなわち、「文法」の一般的定義)は、どの程度詳細で特定的なものなのかということである。現在のところ、言語獲得の事実を説明するのに充分なほど、豊かで詳細で特定的な生得的スキーマについての仮説を作り上げるところまでは、とてもまだ我々は到達していない。従って、言語理論の主たる課題は言語普遍性に対しての説明を発展させることでなければならないのだが、その説明は、一方では言語の現実における多様性によって反証されないようなものでなければならず、また他方では、言語学習の迅速さや一様性、さらに、言語学習の所産である諸々の生成文法の驚くべき複雑性と変異の範囲を説明するのに充分なほど、豊かで明示的なものでなければならないのである。

言語普遍性の研究は、どの自然言語の生成文法も全て共通して持っている諸性質の研究である。言語普遍性についての個々の仮定は、統辞、意味、音韻部門のどれかに関係しているか、または、これら三部門の相互連関に係わるものであるかのいずれかである。

言語普遍性を、**形式的**(formal)なものと、**実質的**(substantive)なものに分類することは有益であろう。実質的普遍性の理論は、どの言語においても、ある特定の種類の項目は、固定したクラスの項目の中から取り出されたものでなければならない、と主張する。例えば、ヤコブソンの弁別素性理論は、生成文法の音韻部門に関する実質的普遍性について一つの主張を行なったものであると解釈できる。この理論は、音韻部門の出力は、いずれも、かなり少数(おそらく、十五ないし二十くらい)の固定した普遍的音声素性によってその特性が規定される要素から成っており、また、これらの素性は、その各々が、どの個別言語からも独立した実質的な音響・調音上の特性を有している、と主張している。伝統的普遍文法も、この意味で、実質的普遍性の理論であった。伝統的普遍文法は、普遍的音声学の本質についての興味深い考えを提出したばかりでなく、一定の統辞範疇(名詞、動詞など)は、どのような言語の文の統辞表示にも見られること、また、これらの統辞範疇は、各言語の根底にある一般的統辞構造を与えるものであるという立場も提案したのである。意味に関する実質的普遍性の理論は、例えば、一定の指示的機能は、ある定まった方法で、それぞれの言語において実行されなければならないというようなことを主張することになるであろう。従って、意味に関する実質的普遍性の理論では、人を指示する名辞であるとか、あるいはある特定の種類の物体、感情、行動などを指示する語彙項目は、どの言語にも含まれているであろうと主張することが出来るかもしれない。

しかしながら、もっと抽象的な種類の普遍的特性を探し求めることも可能なのである。あらゆる言語の文法は、一定の、指定された形式的条件を満たしているという主張について考えてみよう。この仮説が正しいとしても、そのことだけで、どれか特定の規則が全ての言語の文法において(あるいはどれか二つの文法においてさえも)必ず現れなければならない、ということが含意されるわけではない。文法がある一定の抽象的条件を満たすという特質は、もしもそれが自然言語の一般的特質だと示すことが出来るならば、これを形式的言語普遍性と呼んで良いだろう。生成文法が満たさなければならない抽象的な諸条件を特定しようとする最近の試みは、この意味における形式的普遍性に関して様々な提案を生んできた。例えば、文法の統辞部門は変換規則(これは、極めて特殊な種類の演算である)を含まなければならず、この変換規則が、意味的に解釈される深層構造を音声的に解釈される表層構造へと写像するという提案、あるいは、文法の音韻部門は列を成す規則から構成されており、これらの規則の部分集合が、表層構造上のより大きな構成素に順次、巡回的に適用される(最近における多くの音韻論研究で言われている意味での、変換巡回(transformational cycle))という提案について考えてみよう。このような提案は、一定の実質的な音声要素が全ての言語の音声表示で利用できるとか、ある特定の範疇が全ての言語の統辞法において中心的なものでなければならないとか、一定の意味素性または意味範疇が意味記述のための普遍的枠組みを提供するとかという主張とは、全く異なる種類の主張をしているのである。そういった実質的普遍性は言語記述のためのボキャブラリーに係わる事柄であるが、それに対して形式的普遍性は、むしろ、文法に現れる諸規則の特性や、それらの規則間の相互連関に係わっている。

意味的なレベルにおいても、本質的には今述べたばかりの意味において、形式的普遍性と呼んで良いものを探し求めることが可能である。例えば、どの言語においても、固有名(proper name)は、空間・時間的連続性の条件を満たす対象を指し示さなければならず、[15]さらに、同じことが、対象を指し示す他の名辞についても当てはまるという仮定であるとか、また、どの言語においても、色彩を表わす語は色のスペクトルを連続的なセグメントに分けていかなければならないという条件であるとか、あるいは、人工物は単に物理的な性質によって定義されるのではなく、人間と関わりのある、何らかの目標・必要性・機能によって定義されるという条件などについて考えてみよう。[16]概念のシステムに対するこの種の形式的制約は、一次言語データが与えられた場合の(子供あるいは言語学者による)記述文法の選択範囲を著しく制限することになるであろう。

このような例によって示唆されている意味における、深く根ざした形式的普遍性の存在は、全ての言語が同じ型に合わせて裁たれているということは含意しているが、個別言語の間に一項一項の対応関係が存在することを含意するものではない。例えば、言語間の翻訳に何らかの適当な手続が存在するに違いないなどということは含意していないのである。[17]

一般的に言って、人間の生得的な「言語形成能力」(language-forming capacity)についての仮説と見なされる言語の理論が、実質的普遍性と形式的普遍性の両方に係わっているべきであるということは、疑いを容れない。しかし、実質的普遍性が一般言語理論の伝統的な関心事であったのに対して、どの生成文法によっても満たされなければならない抽象的諸条件の研究は、ごく最近になって着手されたばかりである。このような抽象的諸条件の研究は、文法の全ての面における研究に対して、極めて豊かで多様な可能性を提供するように思われる。

6　記述理論および説明理論についての補説

言語の「獲得モデル」を構築する際に、厳密に何が関わってくるのかということにつ

(12)(i)入力信号を表示する方策
(ii)入力信号に関する構造上の情報を表示する方法
(iii)言語構造に関する可能な仮説のクラスの範囲に対しての初期限定
(iv)それらの仮説が，それぞれ，個々の文に対して何を含意しているのかを決定する方法
(v)(iii)によって許容され，かつ，与えられた一次言語データと適合するような(おそらく，無限に多くの)仮説の中から，一つを選択する方法

(13)(i)「可能な文」という概念を定義する普遍的音声理論
(ii)「構造記述」の定義
(iii)「生成文法」の定義
(iv)一つの文法が与えられた場合に，文の構造記述を決定する方法
(v)選択肢となる提案された諸文法を評価する方法

いて、もう少し注意深く考察してみよう。言語を学習する能力がある子供は、(12)に挙げたものを持っていなければならない。これらに対応して、説明的妥当性を目指す言語構造の理論は、(13)に掲げた事項を含んでいなければならない。同じ条件を少し異なる言い方で表現すると以下のようになる。すなわち、説明的妥当性を目指す言語理論は、(14)に述べたものを提供することが要求される。説明的妥当性を目指すという決定をするのであれば、最低でもこの程度に強

(14) (i) 可能な文のクラス $s_1, s_2, \cdots$ の枚挙
(ii) 可能な構造記述のクラス $SD_1, SD_2, \cdots$ の枚挙
(iii) 可能な生成文法のクラス $G_1, G_2, \cdots$ の枚挙
(iv) 任意の i, j について，$SD_{f(i,j)}$ は文法 G_j によって文 s_i に付与される構造記述である，とするような関数 f の指定 (18)
(v) $m(i)$ が文法 G_i にその価値(value)として結び付いている整数である，とするような関数 m の指定(例えば，数値がより大きければ，価値がより低いことを表わす，などとする)

力な条件を満たすことが必然的に要求されるのである。

これらの条件を満たす理論は、以下のような方法で、言語学習を説明しようとすることになるであろう。まず、一次言語データの本質について考えてみよう。一次言語データは、文に関する有限量の情報から成っており、さらに、実際に存在する時間制限を考えるとその範囲はかなり限られ、質の上でも相当劣悪なものに違いない(註14を参照)。例えば、ある言語信号は適格な文として許容されるが、他のものは——言語学習者の試みを言語共同体の側で訂正する結果——非文(nonsentences)として分類される。さらに、言語使用の条件として、ある一定の方法で、これらの対象に構造記述が付与されなければならないという条件が

あるのかもしれない。このことが言語獲得にとっての前提条件であるということは、統辞法の獲得——あるいは、文法の統辞部門に関する仮説の正当化——には、部分的に意味上の基盤がなければならないという、広く受け容れられている(が、今のところ、全く証拠がない)考えから、当然の結果として生じるもののように思われる。ついでながら、この考えが、子供の生得的概念形成能力(innate concept-forming abilities)や、そういった能力が含意する言語的普遍性のシステムに関して、極めて強力な主張をしているということについては、しばしば見落とされている。つまり、この考え方によって主張されていることは、おそらく、子供は、充分に豊かで完全な形で展開された、潜在的構造記述に関しての生得的理論を持っており、その結果、ある言語信号が生じる実際の状況から、どの構造記述がその言語信号に対して適切であるかを決定することができ、しかも、部分的には、この決定を当該の信号の言語構造に関するいかなる仮定にも先だって行なうことが出来るということなのである。もちろん、生得的能力についての仮定が極めて強力であると言ったからといって、それが間違っていると言っているわけではない。ともかく、一次言語データは、文および非文として分類された言語信号、および言語信号と構造記述との部分的かつ暫定的組み合わせから成っている、と一応仮定することにしよう。

条件(i)―(iv)を満たす言語獲得装置は、このような一次言語データを言語学習のための経験的基盤として利用することが出来る。言語獲得装置は、条件(iii)によって得られる、可能な仮説の集合G_1、G_2、…をくまなく探索し、(i)および(ii)によって表示される一次言語データと適合する文法を選択しなければならない。適合性の検証は、この装置が条件(iv)を満たしているという事実のおかげで可能なのである。次に、この装置は、(v)によって保証されている評価尺度によって、可能な文法の中から一つを選択する。[19] 選択された文法は、(ii)と(iv)によって、任意の文を解釈する方法を今度は言語獲得装置に提供することになる。すなわち、この装置は、今や、先の一次言語データをサンプルの一端とするような言語についての理論を構築したことになる。言語獲得装置が選択し内的に表示した理論は、この装置の持つ潜在的言語能力、つまり、その言語の知識を指定していると言える。もちろん、この方法で言語を獲得する子供は、「学習した」こと以上に、遥かに多くのことを知っている。子供が持つ当該言語の知識は、その子供の内在化された文法によって決定されるが、それは、提示された一次言語データを遥かに超えるものであり、いかなる意味においても、一次言語データからの「帰納的一般化」ではないのである。

言語学習についてのこのような説明は、条件(i)―(iv)を満たすような言語理論を指針として研究に従事している言語学者が、与えられた一次言語データに基づいて構築する言語の文法をどのように正当化するのか、ということに関する記述として、そのまま言い換えることが出来ることは明らかである[20]。

ついでながら、一次言語データが言語学習に必要であると言う時、実はいくつかの異なる面があり、これらの異なる面は注意深く区別していかなければならないことに留意したい。一次言語データは、可能な言語(すなわち、ア・プリオリな制約(iii)に適合するような文法が与えられている言語)の中のいずれの言語に言語学習者がさらされているのかをある程度決定する。そして、我々がここで考えているのは、一次言語データが持つこの機能のことなのである。しかし、一次言語データは、これとは全く異なる役割も、また果たしているのかもしれない。つまり、ある種のデータや経験は、言語獲得装置の機能の仕方そのものには何ら影響を与えることはないが、言語獲得装置を作動させ始めるためには必要なのかもしれないのである。例えば、意味的指示(semantic reference)は、統辞法の獲得がいかにして行なわれるかという、その仕方に影響を与えることはどうやらないようであるが、統辞法学習の実験における作業を著しく促進することはあるということが知られている。つまり、意味的指示は、言語学習者がどの仮説を選択するのかを決定するにあたっては、何の役割も果たさないのである(Miller and Norman 1964を参照)。同様に、通常の言語学習においては、何らかの形で、実生活上の場面における言語使用が必要とされるということが判ったとしても、何ら驚くべきことではないであろう。しかし、たとえこれが事実だとしても、いったん装置が作動し始め、子供が言語学習に取りかかった時に、場面上の文脈に関する情報(特に、少なくとも部分的には言語構造に関する仮定に先行しているような、言語信号と構造記述との組み合わせ)が、いかにして言語が獲得されるのかを決定する上で何らかの役割を果たしているということを示すには、充分とは言えないのである。こういった区別は、言語獲得以外の分野では、非常によく知られている。例えば、リチャード・ヘルドは、数多くの実験において、ある特定の状況下では再帰性求心入力刺激(すなわち、自発的行動の結果生じる刺激)が、視空間概念の発達のための前提条件となるが、だからといってこの刺激が視空間概念の特性を決定するとは限らない、ということを示した(Held and Hein 1963; Held and Freedman 1963 およびこれらで引用されている文献を参照のこと)。あるいは、動物の学習に関する研究に見られる数えきれないほど多くの例から一つ取り上げると、子羊の深度知覚は母親と新生児の触れ合いによって大いに促進されるという観察がなされているが(Lemmon and Patterson 1964 参照)、この場合も、子羊の「視空間の理論」の本質がそういった触れ合いに依存していると考える理由はないのである。

それが言語の学習であれ言語以外のものであれ、学習というものの実際の性格を研究する上で、外部データが持つこれら二つの機能を——すなわち、生得的メカニズムを始動させたりその働きを促進したりする機能と、学習が進む方向を部分的に決定する機能を——注意深く区別することが、当然、必要なのである。[21]

さて、本題に戻ろう。今、条件(i)–(v)を満たす言語構造の理論を説明理論(explanatory theory)、そして、条件(i)–(iv)を満たす理論を記述理論(descriptive theory)と呼ぶことにする。実際、記述的妥当性のみを問題にするような言語理論は、(i)から(iv)の項目だけしか考慮しないであろう。換言すれば、そのような理論は、いずれの言語に対しても、その言語の記述的に妥当な文法——すなわち、母語話者の言語能力と一致する形で、その言語の文に対して(〔iv〕によって)構造記述を付与する文法——を含むような生成文法のクラスを利用可能なものにしていなければならない。言語の理論は、それが条件(i)—(iv)を満たしている限りにおいて、経験的に有意義である。説明的妥当性というそれ以上の問題は、条件(v)も満たすような理論との関連においてのみ生じる(但し、97—98頁も参照のこと)。言い換えれば、理論が、明確に定義された評価尺度を用いて、一次言語データに基づき一つの記述的に妥当な文法を選択するための原理付けられた基盤を提供する限りにおいてのみ、その理論は説明的妥当性の問題を問うことが出来るのである。

この説明は、ある一つの重要な点で、誤解を招きかねない。それは、記述的に妥当な理論を説明的妥当性のレベルまで引き上げるには、適切な評価尺度を定義することだけで足りる、という思いを抱かせる点である。しかし、これは間違っている。ある理論が、今定義した意味で記述的に妥当ではあるが、それが提供する可能な文法の範囲が非常に広いために、一般に、利用可能ないかなるデータとも適合する多数の文法の中から、記述的に妥当な文法を区別する形式的性質を発見するのが不可能であるということもあり得るのである。実際、真の問題は、ほとんど常に、「生成文法」という概念にさらに構造を付け加えることによって、可能な仮説の範囲を制限することなのである。真っ当な獲得モデルを構築するためには、与えられた一次言語データと適合する到達可能な文法(22)

のクラスを、その中から形式的評価尺度によって記述的に妥当な文法を選択することが出来る程度にまで制限することが必要である。このためには、「生成文法」という概念の範囲を、精密に、かつ狭く定めること——すなわち、伝統的な意味における「言語の形式」を決定する普遍的性質に関しての、制限的で豊かな仮説が要求されるのである。

同じ点を、いくぶん異なった形で述べることも出来る。自然言語に対して様々な記述的に妥当な文法が与えられた場合、我々の興味は、どの程度までそれらの文法が各々に独特のものであり、また、言語の形式そのものに帰することが可能な、深く根底にある類似性をどの程度それらの文法が持っているのかを決定するところにある。言語学における真の進歩は、与えられた諸言語における一定の特性が、言語の普遍的性質に還元され、そして、言語形式が持つそのようなより深い側面によって説明することが出来るということを発見することにある。従って、言語学者の主たる努力は、「生成文法」という概念に対するより特定的な制約と条件を定式化することにより、言語形式の理論を豊かなものにすることに向けられなければならない。このことが可能な場合には、文法の一般理論に帰することが可能な記述的言明を個別文法から取り除くことにより、その個別文法を単純化することが出来る（第5節を参照）。例えば、もし変換巡回（サイクル）[23]が音韻部門の普遍的特性であるとの結論が得られるならば、統辞構造に関わるそれらの音韻規則の機能の仕方を、英語の文法において記述する必要はないことになる。そうなれば、この記述は、英語の文法から抽出され、言語の形式的普遍性の一つとして——つまり生成文法の理論の一部として——述べられることになるであろう。この結論は、もし正当化されるならば、言語の理論における重要な進展となることは明らかである。なぜならば、英語に特有なものであると思われていたことが、実際には、自然言語の本質についての一般的で深い経験的仮定——つまり、もし間違っているのならば、他の言語の記述的に妥当な文法の研究によってその間違いが証明できるような仮定——によって説明できる、ということが示されたことになるからである。

要するに、説明的妥当性を達成しようとする時に生じる最も重大な問題は、「生成文法」という概念を充分に豊かで詳細な、そして、高度に構造化された方法で特徴付けようとするところにある。文法の理論が、記述的に妥当ではあるものの、自然言語の定義を与えるような——そして、自然言語と他の任意の記号体系とを区別するような——主要な諸特性を明示しないままである、ということも充分あり得る。広範囲にわたる記述的妥当性でさえ達成されない目標であるかもしれないという事実にもかかわらず、説明的妥当性を達成しようとする試み——すなわち、言語的普遍性を発見しようとする試み——が、言語構造に関しての理解がどの段階にある時においても常に決定的に重要であるのは、まさにこの理由からなのである。説明的妥当性の問題を取り上げる前に記述的妥当性をまず達成しなければならない、などということはない。それどころか、決定的に重要な問題、すなわち、我々が持つ言語という概念について(さらには記述の仕方についても)最も大きな関連を持つ問題は、ほとんど常に、言語構造の個々の側面についての説明的妥当性に関わる問題なのである。

言語を獲得するためには、子供は提示されたデータと適合するような仮説を案出しなくてはならない。つまり、子供は、蓄えられた多くの可能な文法の中から、利用可能なデータに適合するような、ある特定の文法を選択しなければならない。データが充分に豊かで、かつ、可能な文法のクラスが充分に制限されているため、我々の理想化された「瞬時」(instantaneous)モデル(註19および22を参照)において言語獲得が成功裡に行なわれる瞬間には、利用可能なデータと適合する文法は一つだけしか存在しないということも、論理的にはあり得る。この場合には、評価手続は、言語理論の一部としては——すなわち、言語獲得が可能であるような有機体または装置が有する生得的性質としては——必要なくなるであろう。この論理的可能性がどの程度詳細に実現できるのかを想像することは非常に難しく、また、経験的に妥当な言語理論を定式化しようとする全ての具体的な試みは、いずれも、考え得るいかなる種類の一次言語データとも適合してはいるが、お互いに相容れないような文法をいくつも許容する余地を充分に残しているのである。従って、そのような理論は全て、もし言語獲得を説明し、特定の文法の選択を正当化しようとするのならば、評価尺度によって補足される必要がある。そこで私は、これまでと同様に、評価尺度が必要であるということが人間が持つ生得的言語機能(faculté de langage)に関する経験的事実であり、従って、一般言語理論に関しての経験的事実である、と暫定的に引き続き仮定することにする。

7　評価手続について

文法にとっての評価手続の位置付け((12)–(14)の条件(v)を参照)は、しばしば誤って解釈されてきた。まず初めに、この尺度は、何らかの方法でア・プリオリに与えられているようなものではないことを、はっきりと心に留めておかなければならない。そうではなくて、評価尺度に関する提案は、いかなるものであっても、言語の本質についての経験的仮説なのである。このことは、これまでの議論から明らかであろう。今、ある一定の形で(12)–(14)の条件(i)–(iv)を満たすような記述理論があるとしよう。一次言語データDが与えられた場合、異なった評価尺度の選択は、Dをサンプルとする言語についての対立仮説(対立する文法)に対して全く異なる順位を付与し、それゆえに、Dに基づいて言語を学習する人が、Dに存在しない新たな文をどのように解釈するのかということに関しても、全く異なる予想をするであろう。従って、評価尺度の選択は経験的な問題であり、個々の提案は、正しいか間違っているかのいずれかなのである。

おそらく、この問題についての混乱は、提案された特定の評価尺度に対して「単純性尺度」(simplicity measure)という術語を使用することに、その原因があると言えるだろう。「単純性」が、言語理論以外のところで、何らかの形であらかじめ分かっている一般的概念であると想定されているためである。しかし、これは誤った考えである。ここでの議論の文脈では、「単純性」(すなわち、(v)での評価尺度 m)は、「文法」や「音素」などと共に、言語理論の内部で定義されるべき概念なのである。単純性尺度の選択は、物理定数の値を決定するようなものである。我々の前には、ある種の一次言語データと、その一次言語データを提示された人が実際に構築する文法とを結び付けた経験的組み合わせが、部分的に、与えられている。提案された単純性尺度は、この結び付きの本質を正確に決定しようとする試みの一部を成すものである。もし、(i)－(iv)についてのある特定の定式化が仮定され、一次言語データと記述的に妥当な文法との組み合わせ(D_1、G_1)、(D_2、G_2)、…が与えられれば、「単純性」を定義する問題とは、まさに、各iについて、G_iがD_iによってどのようにして決定されるのかを発見するという問題なのである。今、言語獲得モデルのことを、ある一定の一次言語データが入力として与えられた場合、特定の生成文法を「出力」として決定するような入力－出力装置であると見なすことにしよう。そうすると、提案された単純性尺度は、(i)－(iv)の指定と相俟って、そのような装置の本質に関する仮説を構成することになる。従って、単純性尺度の選択は、経験的帰結を伴う経験的問題なのである。

これらのことは、全て、以前述べたことである。これほど長々と繰り返すのは、あまりにもひどく誤解されてきたからである。

生成文法の文献で議論されてきた類の評価尺度を、異なる文法理論を比較するために用いることは出来ないということも、また明らかである。すなわち、ある提案された文法のクラスから一つの文法を採り、その他の文法のクラスからまた一つの文法を採ってきて、両者をこういった尺度によって比べるのは、全く意味のないことである。むしろ、この種の評価尺度は、説明的妥当性を目指すある特定の文法理論の本質的な部分を成すものなのである。対立する言語理論同士(あるいは、他の分野において相互に対立する理論同士)を、単純性やエレガンスに関して比較することが出来るということには、何らかの意味があるというのも事実である。しかし、ここで我々が論じているのは、こういった一般的な問題ではなくて、ある言語についての二つの理論、つまり、その言語についての二つの文法を、ある特定の一般言語理論によって比較するという問題である。従って、これは、言語の説明理論を定式化するという問題なのであり、言語に関する競合する理論間の選択という問題と混同してはならない。もちろん、競合する言語理論間の選択は根本的な問題であり、記述的妥当性および説明的妥当性という経験的根拠に基づいて、可能な限り、やはり、解決していかなければならない。しかし、このことは、説明的妥当性を達成しようとする試みにおける評価尺度の使用に係わる問題ではない。

具体例として、文法の規則は順序付けられていないものなのか(これを、言語理論 T_U

と呼ぶことにする)、あるいは、ある特定の方法で順序付けられているべきなのか(これを、言語理論T_Oと呼ぶことにする)、という問題について考えてみよう。ア・プリオリには、これら二つの理論のどちらが正しいのかを決定する方法はない。言語理論あるいは一般認識論において開発された「単純性」もしくは「エレガンス」の絶対的意味で、それに従えばT_UとT_Oを比較することが出来るようなものは、知られていないのである。従って、何らかの絶対的意味において、T_UはT_Oと比べて「より単純」であるとか、またはその逆であるというようなことを主張することには、全く意味がない。T_OよりもT_Uを選ぶような、あるいは逆にT_UよりもT_Oを選ぶような「単純性」の一般的概念を作り上げるのは簡単なことではあるが、しかし、いずれの場合でも、そういった概念が、いかなる周知の正当化を受けることもないであろう。言語学の内部では、いくつかの評価の尺度が提案され、部分的には経験的正当化もなされている。例えば、(Halle 1959a, 1961, 1962a, 1964で議論されている)素性指定の最小化(minimization of feature specification)、あるいは、(以下の109頁以降で議論されているような)縮約表記法(abbreviatory notations)などである。しかし、これらの尺度をここで適用することは出来ない。なぜならば、これらの尺度は、ある特定の言語理論の内部で適用されるものであり、本質的にこの事実に基づいてこういった尺度の経験的正当化が成されているからである。T_UとT_Oのどちらかを選択するためには、全く異なる方法を採らなければならない。すなわち、T_UあるいはT_Oが、自然言語の記述的に妥当な文法を提供するのかどうか、または、説明的妥当性へと繋がっていくものなのかどうか、ということを問わなければならないのである。これは、もし、当該の理論が充分に注意深く述べられているのならば、完全に意味を成す経験的問題である。例えば、もしT_U^Sが周知の句構造文法の理論であり、T_O^Sは、T_U^Sと同じ理論ではあるが、さらに条件が加わり、規則が線形に順序付けられていて、巡回的に適用され、そして各範疇Aに対して少なくとも一つの規則A→Xが義務的であり、従って各巡回(サイクル)は空ではないことを保証するという理論であるとすると、T_U^SとT_O^Sは記述力においてて(すなわち、「強生成力」(strong generative capacity)において。第9節を参照。また、そのようなシステムについての議論は、Chomsky 1955 の第六章、第七章、および Chomsky 1956 を参照されたい)、非同等であるということを示すことが出来る。それゆえ、自然言語が、実際に、これら二つの(等価ではなく経験的に区別することが可能な)理論のどちらに収まるのかと問うことが出来るのである。あるいは、T_U^PとT_O^Pを音韻部門の理論とし——このうち、T_U^Pは音韻規則が順序付けられていないと考える理論、T_O^Pは音韻規則が部分的に順序付けられていると考える理論であるとすると——有意な一般化がT_O^Pによっては表現できるがT_U^Pによっては表現できないような、あるいは、その逆であるような、仮想の「言語」を考え出すことは簡単である。従って、経験的に与えられた言語の場合においても、一方の理論では表現することが出来るが、もう一方の理論では表現することが出来ないような有意な一般化が存在するかどうかを決定しようとする試みが可能となる。原理上は、どちらの結果もあり得る。この問題は全面的に、自然言語の性質に関する事実に係わる問題なのである。後に我々は、基底部の理論としてはT_O^Sの方が充分に動機付けられていることを見ることになる。また、音韻過程の理論としては、T_O^Pが正しくT_U^Pは誤っていることを示す、強力な論証が提出されている(Chomsky 1951, 1964; Halle 1959a, 1959b, 1962a, 1964を参照)。どちらの場合においても、その論証は、一方または他方の理論によって、言語的に有意な一般化(linguistically significant generalizations)を表現することが出来るかどうかという、事実に係わる問題にかかっているのであり、T_UとT_Oをお互いに比較して順位付けを行なうような、「単純性」の絶対的意味とされるものにかかっているのではない。この事実が正しく認識されていないために、数多くの空虚で無意味な議論が引き起こされてきた。

これらの問題についての混乱は、81頁で述べたように、文法を「正当化する」と言う時、いくつかの異なった意味が存在するという事実によっても引き起こされてきたのかもしれない。主な論点を繰り返すと、文法は、一方では、記述的妥当性という外的根拠によって正当化することが可能である。つまり、文法が当該言語についての事実を正しく述べているかどうか、そして、理想化された母語話者が任意の文をどのように理解するのかを正しく予測し、これを達成するための基盤を正しく説明しているかどうかを問うことによって文法を正当化することが出来る。他方、説明的言語理論が与えられた場合に、もし、ある文法がその理論によって許容可能な文法の中で最も価値が高く、さらに、与えられた一次言語データにも適合するということを示すことが出来れば、この文法は、内的根拠によって正当化されることになる。後者の場合、この文法を構築するための原理付けられた基盤が提示されており、それゆえ、この文法は、より深い経験的根拠に基づいて正当化されていることになる。もちろん、どちらの種類の正当化も必要なのであるが、両者を混同しないことが重要である。ただ単に記述的である言語理論の場合、一種類の正当化しか与えることが出来ない。すなわち、その言語理論は、記述的妥当性という外的条件を満たす文法を許容しているということを示すことしか出来ない。(24)

(12)―(14)の条件(i)―(v)が全て満たされた時にのみ、内的正当化という、より深い問題を提起することが可能になるのである。

評価尺度が言語理論にとって「必要な」部分であるかどうかに関する議論には全く実質がないことも、また明らかである(但し、98―99頁を参照)。もし、言語学者が、正当化についてほとんど関心を持たずに、とにかくどうにかして記述を定式化することのみで満足しているのならば、そして、個別言語に関する諸事実の研究から自然言語を自然言語たらしめているような諸特性の研究へと進むつもりがないのならば、その言語学者は、評価手続の構築や説明的妥当性に関連した事柄に関心を持つ必要はないであろう。この場合、正当化に対する関心を放棄してしまっているのであるから、言語学者が言語記述として提示したものと、証拠や論証とは(整合性という最低限の条件以外には)一切関係がないことになる。これに対して、もし言語学者が、言語構造の説明において記述的妥当性を達成することを望むのならば、文法の形式についての説明理論を開発するという問題に関わらざるを得ない。なぜならば、説明理論は、いかなる個別の場合においても、記述的に妥当な文法に到達するための主たる手段の一つを提供するからである。換言すれば、ある特定の言語Lに対する文法の選択は、Lから得られるデータのみでは不充分にしか決定できないのが常なのである。さらに、関連する他のデータ(すなわち、他の言語に関して成功した文法、あるいは、Lのその他の下位部分について成功した文法の断片)は、言語学者が説明理論を持ち合わせている場合に限って、利用可能になるのである。そういった理論は、文法に形式的条件を課すこと、および、言語学者が現在取り組んでいる言語Lに適用すべき評価手続を提供すること、という二つの方法で文法の選択を制限する。形式的条件と評価手続は共に、他の場合における成功によって経験的に正当化することが出来る。従って、広範囲にわたる記述的妥当性への関心は、いかなるものであっても、これら二つの機能を満たすような説明理論を開発しようとする試みへと結び付かなければならないし、また、説明的妥当性への関心は、間違いなく評価手続の研究を必要とするのである。

文法の評価尺度を構築する時の主たる問題は、ある言語における一般化のうち、どれが有意な一般化であるかを決定するという問題である。評価尺度としては、有意な一般化を有利な形で扱うようなものが選択されなければならない。一般化が得られるのは、別々の項目についての規則の集合が、項目全体についての一つの規則(または、より一般的には、部分的に同一の諸規則)によって置き換えることが出来る時、あるいは、「自然類」(natural class)を成す項目が、あるプロセス——あるいは類似のプロセスの集合——を経ることを示すことが出来る時である。従って、評価尺度の選択とは、何が「類似のプロセス」であり何が「自然類」なのか、手短かに言えば、何が有意な一般化なのかについての決定を成すと言える。問題は、ある文法が達成した言語的に有意な一般化の程度に応じて、その文法に対する評価の数量的尺度を付与するような手続を考案することである。文法に適用されるべき数量的評価で明らかなものとしては、記号の数によって計る長さ(length)がある。しかし、もし、これを意味のある尺度にしようとするならば、表記に工夫を加えたり規則の形式を制限することによって複雑性や一般性についての有意な考察が長さの考察へと転換され、その結果、真の一般化は文法を短くし、見せかけの一般化は文法を短くしないようにすることが必要である。従って、もし評価尺度を長さと考えるならば、「有意な一般化」を定義するのは、文法を提示する際に用いられる表記法上の規約であることになる。

実際、これが、明示的な(すなわち、生成)文法で採用されてきた丸括弧や角括弧などの使用に関する規約の背後にある理論的根拠なのである。これらに関する詳細な議論については、Chomsky(1951, 1955), Postal(1962a), Matthews(1965)を参照されたい。一つだけ例として、英語の助動詞の分析について考えてみよう。助動詞に関する事実としては、助動詞は時制(Tense)(それは、さらに、過去(Past)または現在(Present)に分けられる)を含まなければならず、さらに、法助動詞(Modal)や完了相(Perfect Aspect)または進行相(Progressive Aspect)のいずれか(あるいは、両方)を含む場合もあるが、含まない場合もあり、そして、これらの要素は、今述べた順番通りに生じなければならない、ということがある。既に周知の表記法上の規約を用いれば、この規則を(15)のような形式で述べることが出来る(ここで問題とされていない詳細は省略する)。規則(15)は、「助動詞」という要素を八個の可能な形式に分析する八個の規則の縮約形である。略さずに表わすと、これら八個の規則は二十個の記号を含むことになるが、それに対して、規則(15)が含む記号は四個である(どちらの場合にも、「助動詞」は数えていない)。この場合、丸括弧表記法は、次のような意味を持つ。記号四個と記号二十個との違いは、例えば、リスト(17)にある助動詞句の形式を持っている言語と比べた時、リスト(16)にある助動詞句の形式を持っている言語において達成される、言語的に有意な一般化の程度を示す尺度である。

リスト(16)およびリスト(17)のいずれの場合も、二十個の記号が含まれている。リス

⒂ 助動詞 → 時制 (法助動詞) (完了相) (進行相)

⒃ 時制
時制⌒法助動詞
時制⌒完了相
時制⌒進行相
時制⌒法助動詞⌒完了相
時制⌒法助動詞⌒進行相
時制⌒完了相⌒進行相
時制⌒法助動詞⌒完了相⌒進行相

⒄ 時制⌒法助動詞⌒完了相⌒進行相
法助動詞⌒完了相⌒進行相⌒時制
完了相⌒進行相⌒時制⌒法助動詞
進行相⌒時制⌒法助動詞⌒完了相
時制⌒完了相
法助動詞⌒進行相

ト(16)は、表記法上の規約によって、規則(15)に縮約できるが、リスト(17)は、この表記法上の規約によっては縮約できない。従って、丸括弧の使用を含む、周知の表記法上の規約を採用するということは、リスト(16)における形式の集合の根底には言語的に有意な一般化が存在するが、リスト(17)における形式の集合の根底にはそれが存在しないということを主張するに等しい。これは、(16)で例示されているタイプの規則性は、自然言語において見受けられる規則性であり、言語を学習している子供が期待(予想)するようなタイプであるが、(17)で例示されているタイプの巡回的規則性は、(抽象的には完全に真正な規則性ではあるが)自然言語を性格付けているものではなく、子供が言語材料の中に直観的に探し求めるものでもなく、さらに、言語学習者がばらばらなデータに基づいて構築したり使用したりするのがより困難なものである、という経験的仮説を提案しているのと同じことなのである。従って、ここで主張されているのは、(16)からばらばらな例が与えられれば、言語学習者はそれぞれの意味解釈を伴う完全な集合を生成する規則(15)を構築するであろうが、一方、巡回的規則の下に包含されるような例がばらばらに与えられても、言語学習者はこの「一般化」を自分の文法に組み入れることはないだろう、ということである。例えば、yesterday John arrived と John arrived yesterday が存在するからといって、arrived yesterday John という第三番目の形式が存在するとしたり、あるいは、is John here と here is John の存在から第三番目の形式 John here is が存在すると結論付けたりする等のことはしないだろう、ということである。リスト(17)がリスト(16)よりも短く縮約できるような別の表記法上の規約を提案することによって、何が言語的に有意な一般化であるかということに関してこれとは異なる経験的仮定を立てることは、容易に出来るだろう。通常の規約を採用しなければならないア・プリオリな理由は何もないのである。この規約を採用するということは、自然言語の構造、および自然言語の中にある特定のタイプの規則性を探し求めるという、子供が持つ生来的性向についての事実に関わる主張を表わしているのである。

前の段落で見た例は、少々注意して考える必要がある。先に概略を述べたように、評価尺度を構成するのは表記法上の規約の集合全体である。説明理論の実質的な内容は、許容可能な形式を持つ文法の中で最も高い価値を付与された文法が、与えられたデータに基づいて選択されるという主張にある。従って、文法における特定の下位システムの記述は、それが規則のシステム全体に及ぼす影響によって評価されなければならない。文法の特定の部分が、どの程度文法の他の部分と独立して選択され得るかは経験的問題であり、現在のところ、このことについてはほとんど分かっていない。様々な対立案を明確に定式化することは可能であるが、これらの極めて重要な問題が提起されるとすぐに生じてくるような諸問題を解決するには、現在入手可能なものよりも、もっと深い個別言語に関する研究が必要である。私が知っている限りでは、かなり十全で複雑な文法の下位システムを評価しようとする唯一の試みは、Chomsky (1951) に見られる。しかし、ここにおいてさえ、そのシステムの価値は、隣接する規則を入れ換えると価値が下がるという意味での「極大値」(local maximum、局所最大値)であるということが示されているに過ぎない。もっと大規模な修正が及ぼす影響については、研究されていないのである。この一般的な問題のある特定の側面、すなわち、語彙構造および音韻構造に関する問題については、Halle and Chomsky (in preparation)で議論されている。

評価に対するこうした一般的なアプローチの中で、特に説得力のある形で作り上げられた一つの特別な例として、文法の音韻部門における弁別素性指定の最小化という条件を挙げたい。この規約を用いれば、記述的および比較・史的音韻研究において暗黙のうちに研究者が依拠してきた「自然類」や「有意な一般化」という概念を定義し、さらに、無意味語(nonsense forms)の中にも「音韻論的に可能」なものと「音韻論的に不可能」なものがあるという、今まで直観的に与えられてきた区別を決定するような「自然類」や「有意な一般化」の概念を定義することが可能であるという趣旨の、極めて妥当な論証を提出することが出来る。これに関する議論は、Halle (1959a, 1959b, 1961, 1962a, 1964)、Halle and Chomsky (in preparation)を参照されたい。この特定の評価尺度の有効性が文法の形式についての強力な仮定、すなわち、素性表記法のみが文法において許されているという仮定に完全に依存している、ということに注目しておくことは重要である。もし、素性表記法に加えて音素表記法も許されているとするならば、ハレが示しているように、この尺度は馬鹿げた結果を生み出してしまうのである。

従って、もし長さを文法に対する価値付けのための尺度と見なすならば、表記法や他の規約の選択が、恣意的で「単なる技術的な」問題などではないことは明らかである。それは、むしろ、直ちに、そしておそらくはとても劇的な経験的帰結をもたらすような問題である。特定の表記法上の仕組みが、ここで議論している類の言語理論に組み込まれた時、それは、自然言語に関してのある特定の経験的主張が暗黙のうちになされていることになるのである。すなわち、言語を学習している人は、この理論で利用可能な表記法によって容易に(つまり、ほんの少しの記号で)表現できるような一般化を定式化しようと試み、そして、その一般化を含んでいるような文法を選択し、一方、与えられたデータと適合はするが、異なる種類の一般化や異なる「自然類」の概念などを含んでいる他の文法は選択しないであろう、ということが含意されているのである。これらは、非常に強い主張なのかもしれないし、また、これらの主張が真でなければならないというア・プリオリな根拠は全くない。

この問題について、まだ消えずに残っている可能性のある混乱を除去するために、もう一度次のことを繰り返しておきたい。ここでの、規則や仮説などの定式化による言語学習に関する議論は、言語学習者が規則や仮説などを意識的に定式化するとか表現するなどということを言っているのではなく、規則や仮説などの定式化という形で適切に記述することが出来るような、生成システムの内的表示に到達するまでのプロセスに関するものなのである。

現在の言語理論は、そのいずれを取ってみても、極めて限られた範囲を超えて説明的妥当性を達成することなどはとても望めない、ということは明らかである。言い換えれば、言語学習の事実を説明できるほど、充分に豊かで詳細な言語の形式的・実質的普遍性のシステムを提示することは、現在の我々にはおよそ不可能である。説明的妥当性の方向に向かって言語理論を進展させるために我々が出来ることは、文法の評価尺度をさらに精密化すること、あるいは、文法に課される形式的条件を厳しくして、その結果、一次言語データと適合し、かつ高く価値付けられているような仮説を見つけることがより困難になるようにすることである。現在の文法理論がこれら二つの点両方において修正を要するものであり、また、一般的に言えば、文法の形式的条件を厳しくすることの方がより有望であろうことは、疑う余地がない。従って、言語理論にとって最も決定的に重要な問題は、記述的に妥当な個別文法から様々な言明や一般化を抽出し、可能な限り、それらの言明や一般化を言語構造の一般理論へと帰着させることによって一般理論を豊かにして、文法記述のための枠組みに対してより多くの構造を課すことであると思われる。このことが行なわれれば、その度に、個別言語に関する主張はそれに対応する言語一般についての主張によって置き換えられることになる。その時、前者は後者から自動的に導き出されるのである。もし、このようなより深い仮説の定式化が間違っていれば、そのことは、当該言語の他の側面についての記述や他の言語についての記述に対してそれが及ぼす影響を確かめることによって、明らかになるはずである。要するに、言語の本質についての一般的な仮定は、個々の言語の文法の個別的な特徴がそこから演繹的に導き出されるように、可能な限り定式化されるべきであるという、分かりきった説明を私はしているに過ぎない。このようにして、言語理論は、説明的妥当性を目指して歩を進め、人間の心的プロセスや知的能力の研究に——より具体的に言えば、経験的に与えられている時間的制限とデータの制限の下で言語学習を可能にするような能力の決定に——貢献することが出来るであろう。

8　言語理論と言語学習

これまでの議論では、言語理論についてのある種の問題を、仮説としての言語獲得装置の構築に関する問題として定式化してきた。これは、言語理論についての問題を提起し考察する上で、有益で示唆に富む枠組みであるように思われる。言語理論の研究者には、一次言語データの集積と、そのデータに基づいて言語獲得装置によって構築された文法との、経験的な組み合わせが与えられていると考えることが出来る。この場合、入力を構成する一次言語データに関しても、言語獲得装置の「出力」である文法に関しても、多くの情報が入手可能である。そして、言語理論研究者は、この入力-出力関係を媒介することが出来るような装置の内在的性質を決定するという問題に取り組んでいるのである。

ここでの議論を、多少ともより一般的で伝統的な枠組みの中に位置付けてみることも、興味深いかもしれない。歴史的には、知識の獲得に関する問題――言語の獲得の問題は、その中でも、特殊な、そしてとりわけ得るところが多い事例である――に対する一般的なアプローチとして、二つのものを区別することが出来る。経験主義的(empiricist)アプローチでは、獲得装置の構造は、ある特定の初歩的な「周辺的処理メカニズム」に限定されていると仮定してきた。これらのメカニズムの例として、例えば最近の見解としては、生得的「質空間」とそこにおいて定義される生得的「距離」(Quine 1960, 83頁以降を参照)[25]、原始的無条件反射の集合(Hull 1943を参照)、あるいは、言語の場合では、全体の「聴覚印象」の中での「聴覚的弁別可能成分」全ての集合(Bloch 1950を参照)などがある。これらを超えて、経験主義的アプローチにおいて獲得装置が持っていると仮定されているものとしては、ある一定の分析的データ処理メカニズム、あるいは、非常に初歩的な種類の帰納的原理、例えば、ある特定の連合原理、ある与えられた質空間の諸次元に沿った勾配を含む弱い「般化」の原理、または、言語の場合においては、分節および分類に関する分類学的原理などがある。こういった分類学的原理はソシュールがその根源的性格を強調したことにならって、現代言語学においてかなり注意深く開発されてきたものである。従って、経験の予備的分析は周辺的処理メカニズムによって与えられ、人が持っているそれ以上の概念や知識は、この初めに分析された経験に対して利用可能な帰納的原理を適用することによって獲得される、と仮定するのである。[26] こういった考え方も、心の本質に関する経験的仮説として、何らかの形で明確に定式化することが出来よう。

知識の獲得に関する問題に対しての、これとはかなり異なったアプローチとしては、心的プロセスについての合理主義的(rationalist)思想に特徴的なものがある。合理主義的アプローチでは、周辺的処理メカニズム[27]に加えて、かなり限られた、かつ高度に組織化されていると思われるような形で獲得される知識の形式を決定するような、様々な種類の生得観念や生得的原理があると考える。生得的メカニズムが活性化するための条件は、適切な刺激が提示されることである。例えば、Descartes(1647)にとっては、生得観念は外界の物体から生じるのではなく、むしろ思考機能(faculty of thinking)から生じるものなのである。

……外界の物体から感覚器官を通して我々の心(精神)(mind)に辿り着くものは、特定の物的運動以上には何もない……しかし、これらの物的運動や、そこから生じるモノの形でさえも、感覚器官が映し出している形のままで我々が認識しているわけではない。……従って、運動やモノの形についての観念は、それ自体、我々の内に生得的に在るものということになる。ある物的運動の際に、我々の心が、苦痛、色、音などの観念を心に描くのであれば、なおのこと、それらの観念は生得的でなければならない。なぜならば、それらの観念は、物的運動とは全く似るところがないからである……〔443頁〕。

同様に、同じモノに等しいモノは互いに等しい、というような概念も、生得的である。なぜなら、こういった概念は、「特定の運動」から必然的な原理として生じるものではあり得ないからである。一般に、

視覚は、……像以上のものは何も示さず、聴覚は、声や音声以上のものは何も示さない。そのため、これらの声とか像とか以上に、我々が声や像によって象徴されていると考えているモノは全て、他ならぬ、我々の思考機能から生じる観念によって提示されるものであり、それゆえ、思考機能と共に、生得的、すなわち、潜在的には常に我々の内に存在するものである。どんなものであれ、機能の中に存在すると

いうことは、実際に存在するということではなく、単に潜在的に存在するということである。なぜならば、「機能・能力」(faculty)という語そのものが、まさに潜在性・可能性以外のものを指し示すことはないからである〔444頁〕……。〔従って、観念が生得的であるというのは、〕ある家族では寛大さが生得的であり、別の家族では痛風や尿砂のような病気が生得的であるというのと同じ意味である。病気が生得的であるという時、それは、そのような家族の赤ん坊が、母親の胎内でそれらの病気に罹るということではなく、赤ん坊が、そのような病気に罹りやすい一定の傾向または性質を持って生まれてくるということである……〔442頁〕。

さらにこれより以前、Herbert(1624)は次のように主張している。生得観念や生得的原理は、「それらに対応する物体が存在しない時には隠れたままになっていて、消滅してしまったり、それらが存在していた兆候を示さないことさえもある」。生得観念や生得的原理は、「経験の結果というよりは、むしろ、それなしでは経験すること自体が全く出来なくなるような原理であると考えられなくてはならない……〔132頁〕」。これらの原理がなければ、「我々は、経験することも出来ないし、観察することも出来ないであろう」。「我々は、モノとモノとを区別したり、いかなる一般的性質であれ、それを把握したりするようには決してならないであろう……〔105頁〕」。こういった考え方は、十七世紀の合理主義哲学において広範囲に展開されたのである。一つだけ例を述べると、Cudworth(1731)は、以下のような自分の見解を支持するための広範囲にわたる論証を行なっている。「心には多くの観念が在る。知覚可能な物体の運動または近接が、我々の肉体に映ることによって、観念について思案することを引き起こすことがしばしばあるが、それにもかかわらず、観念それ自体が、物体から魂へと印付けられる、あるいは刻み込まれるなどということは、絶対に不可能である。なぜならば、感覚が、物的対象の中に観念を認知することはないからである。従って、観念は、心自体の生得的な活力や活動から生じるに違いないのである……〔第四巻〕」。ライプニッツやそれ以降の多くの注釈者によって指摘されているように、ロックにおいてさえも、本質的には同じ考えが見られるのである。

ポール・ロワイヤルの『論理学』(Arnauld and Nicole 1662)では、同様の観点が、以下のように述べられている。

従って、我々の観念全てが感覚を通してもたらされるとするのは誤りである。それどころか、次のように断言しても良いかもしれない。我々が心の内に持っている観念で、感覚から生じたものはない。但し、感覚を通じて脳の中に作られる運動の場合は別で、その場合は、感覚からの刺激なしでは心が形成しなかったであろうような様々な観念を形成する機会を、その刺激が心に与えるのである。しかし、この場合でも、これらの観念が、感覚や脳の中で起きていることと似かよっているなどということは、ほとんどない。また、いかなる物的イメージとも何の関係も持たず、感覚に起因させようとすれば、必ず、明らかに不合理な結果にならざるを得ないような観念が、数多く存在するのである……[第一章]。

同じ調子で、ライプニッツは、生得的なもの(innate)と学習されたもの(learned)との間にはっきりとした区別をつけることを拒否している。

我々が観念や生得的真理を、それらの源泉を考えることで、あるいは、経験を通じてそれらを確かめることで学んでいくということを、私は認める。……つまり、学習される全てのものは生得的でない、という命題を承認するわけにはいかない。数についての真理は我々の内に在るが、それにもかかわらず、論証を通して学ぶ時のように、数についての真理をその源泉から引き出すことによって(そして、このことが、それらの真理が生得的であることを示している)、あるいは、普通の算術家がするように実例の中でそれらを検証することによって、それらを学ぶのである(28)……〔『人間知性新論』75頁〕。〔従って、〕全ての算術や幾何学は、実質的には我々の内に在り、その結果、もし注意深く考えて、既に心の内に持っているものを整理すれば、我々の内にそれらが在ることに気付くことが出来るのである……〔78頁〕。〔一般に、〕我々は、常に意識できるとは限らず、また、それを必要とする時でさえも意識することが出来ないような、無限の知識を持っている〔77頁〕。感覚は、我々の実際の知識全てにとって必要なものではあるが、それら全ての知識を我々にもたらすためには決して充分ではない。なぜなら、感覚は、事例、すなわち、特定の、あるいは個別の真理しか我々に与えないからである。しかしながら、ある一般的な真理を確立する事例全てをもってしても、そして、その数がいくらであろうとも、その真理の普遍的必然性を確立するためには充分でないのである……〔42－43頁〕。必然的真理は、……事例には——従って感覚の証言には——その証明が決して依存しないような諸原理を持っていなければならない。もっとも、感覚なしでは、必然的真理について思いおよぶことなどなかったであろうが……。確かに、これら理性の永遠の法則が、……開いた本の中に読み取れるのと同じように魂の内にも読み取れるなどと思い込んではいけない。しかし、注意を向ける機会が感覚によって与えられ、その注意の力によって我々の内にそれらの永遠の法則を発見できるということで充分である。経験の成功はまた理性の確認に役立つが……［44頁］……我々の思考の内に入っている［生得的一般原理が存在し］、それらの諸原理が思考の精髄と結合とを形成している。それらの一般的諸原理は、全く気にかけられることはなくとも、ちょうど歩くために筋肉や腱が必要であるのと同じように、思考にとって必要なのである。心は、絶えずこれらの一般原理に頼っているのだが、そう簡単にはそれらを区別し、明確に、そして、別々に思い浮かべるには到らない。なぜならば、そのためには、心の活動に対する多大の注意を要するからである……。このようにして、人は、多くのことを、知らず知らずのうちに所有しているということになる……［74頁］。

(例えば、中国の人々は分節音を持っており、従って、アルファベット書法のための基盤を持ってはいるが、しかし、アルファベット書法そのものを作り出すことはなかった、というように。)

ついでながら、観念の形成における感覚と心との相互作用に関する、これらの古典的な議論を通して、知覚と獲得とが明確に区別されていないことに注意されたい。但し、潜在する生得的心的構造がいったん「活性化される」(activated)と、以前とは異なったやり方で、感覚からのデータを解釈するために利用可能になるという仮説に矛盾はないであろう。

この合理主義的見解を言語学習という特別な場合に当てはめて、Humboldt(1836)は、言語を本当の意味で教えるということは出来ないことであり、出来ることは、言語がそれ独自の方法で心の内で自発的に発展できるような条件を与えることだけである、と結論付けている。従って、ある言語の形式(the form of a language)、すなわち、その言語の文法に対するスキーマは、大部分は与えられたものと言えるが、言語形成過程の活動を開始させるような適切な経験が伴わなければ、その形式を使用することは出来ないのである。ライプニッツと同様に、フンボルトは、各個人にとって学習とは大部分が再生・再創造(Wiedererzeugung)の問題、つまり、心の内にある生得的なものを引き出すという問題である、というプラトン主義的見解を再度強調している。(29)

この見解は、次のような経験主義的な考え方(現代における支配的な見解)と、際立った対照をなしている。すなわち、経験主義的な考え方においては、言語というものは本質的に偶発的構成物(adventitious construct)であり、(例えば、スキナーやクワインによって主張されるであろう)「条件付け」によって、あるいは、(ヴィトゲンシュタインによって主張されたように)訓練や明示的説明によって教えられたり、または、(近代言語学が典型的に主張するように)初歩的な「データ処理」手続によって組み立てられたりするようなものなのであるが、ともかく、その構造において、生得的な心的機能のいずれからも比較的独立しているものなのである。

要するに、経験主義的思想においては、知識の獲得のための手続とメカニズムのみが心の生得的特質を構成している、と典型的に仮定してきたのである。例えば、ヒュームにとって、「実験的推論」の方法は、動物や人間が持っている基本的本能であり、それは、「鳥に、非常な正確さで、孵化の技術や、雛を育てる際の無駄のなさと秩序全体を教える」本能と同じであって、つまり、「自然という源の御手」から導き出されて来るものである[Hume 1748, 第九節]。しかしながら、知識の形式は、その他の全ての点においては、いたって自由である。これに対して、合理主義的思想では、知識のシステムの一般的形式は、心の素質・傾向としてあらかじめ決められており、一方で経験が果たす役割は、この一般的なスキーマ構造を実現させ、より充分に分化させることである、と仮定してきた。ライプニッツの啓発的な類比に従えば、我々が行なっても良いのは、

……全く均質な大理石、あるいは何も書かれていない書き板、つまり哲学者達によってタブラ・ラサと呼ばれているものとの比較ではなく、むしろ、石理のある大理石との比較であろう。というのも、心／魂がこのような何も書かれていない書き板に似ているとすると、真理が我々の内にある仕方は、ある大理石がヘラクレスの像になろうが他の形になろうが一向に構わないにもかかわらず、この大理石の内にはヘラクレスの像がある、といったことになるであろう。しかし、もし、他の姿ではなくヘラクレスの像を示すような石理がその中にあれば、その塊はヘラクレスの像へと、より一層決定付けられていることになり、ヘラクレスはある意味で生得的・

本有的(innate)にその塊の中に存在することになるであろう。もっとも、そのような石理を発見し、磨きをかけたり、石理が現れるのを妨げているものを削り取ったりして、石理をきれいに仕上げるための仕事が必要ではある。このようにして、観念や真理は、傾向、素質、習慣、あるいは、生来の潜在能力として我々に生得的なものであって、行為として備わっているものではない。これらの潜在能力は、それらに応じた何らかの行為を常に伴ってはいるのであるが、その行為は必ずしも感覚し得るとは限らないのである［ライプニッツ『人間知性新論』45－46頁］。

もちろん、経験主義的見解と合理主義的見解が常にはっきりと区別でき、しかも、これらの思潮は交わることが出来ない、と仮定する必要はない。それにもかかわらず、知識の獲得という問題に対する、これら二つの非常に異なるアプローチを区別することは、発見を促進する上で価値があると同時に、歴史的にも正しいと言える。特定の経験主義的見解や合理主義的見解を充分に精密なものにして、知識の獲得に関する――特に、言語獲得装置の生得的構造についての――明示的な仮説として提示することは可能である。実際、近代言語学における分類学的・データ処理的なアプローチを経験主義的見解として記述し、最近の変換文法の理論において提案されているような、本質的に合理主義的な対案と対照をなす見解として捉えることは、不正確とは言えないであろう。一般言語理論は収集されたデータからある言語の文法を決定するような一連の手続のみから構成されており、この一連の手続によって可能な文法に対する制限が決まってくるということ以外には、言語の形式は何も規定されていないと仮定している点において、分類学的言語学は経験主義的と言えるのである。もし、分類学的言語学が経験的主張をしていると解釈するならば(30)、その主張とは、指定された手続を充分に豊かに選び集められたデータに適用した結果得られた文法は、記述的に妥当になるであろう、というものでなければならない。換言すれば、その主張とは、一連の手続が生得的な言語獲得システムに関する仮説を構成していると見なすことが出来る、というものでなければならないのである。これに対して、これまでの節における言語獲得に関する議論は合理主義的である。このことは、様々な形式的および実質的普遍性が言語獲得システムの内在的性質であり、そして、これらの普遍性が、データに適用されると同時に高度に制限された方法で一般的形式を決定し、さらに、適切なデータが提示された場合に現れる文法の実質的特性までも部分的には決定するようなスキーマを提供している、と仮定している点に見られるのである。従って、先に概略を述べ、以下の章【本書には第一章のみ収録】や他の変換文法の研究において、より詳細に述べられているような種類の一般言語理論は、本質的に合理主義的色合いを持つ、心的構造および心的プロセスの本質に関する特定の仮説と見なされなければならない。この点について、さらにこれ以上議論したものとしては、Chomsky (1959b, 1962b, 1964), Katz (forthcoming) を参照されたい。

このような対照的な見解が明確に定式化されれば、(もしいずれか一方が正しいとすれば)どちらが正しいかを経験的問題として問うことが出来るだろう。この問題に決着をつけるア・プリオリな方法は存在しない。経験主義的見解と合理主義的見解が充分な注意を払って提示され、その結果、どちらが正しいのかという問題を真剣に取り上げることが出来たとしても、例えば、物理的具現化の可能性において、いかなる明確な意味でも一方が他方よりも「より単純」であると主張することは出来ない(31)。そして、たとえどうにかして一方が他方に比べて「より単純」であることを示すことが出来たとしても、それは、完全に事実にのみ係わる問題とは全く関係がないであろう。この事実に係わる問題には、いくつかの方法でアプローチすることが出来る。特に、今、言語獲得の問題に限って言うならば、具体的な経験主義的提案は、いずれも、一次データに帰納的原理を適用した結果得られる文法の形式に対して、実際上は一定の条件を課しているのだということを心に留めておかなければならない。従って、これらの帰納的原理が提供する文法が、原理上、我々が現実の諸言語を調査・研究することを通して実際に発見する文法と少しでも近いものであるのかどうか、を問うことが出来る。そして、同じ問いは、具体的な合理主義的提案についても発することが出来よう。このことが、こういった仮説をある種の経験的テストにかける有益な方法であるということは、過去において既に証明されている。

(経験主義あるいは合理主義の)いずれの場合であっても、もし、この原理上の妥当性という問題に対する答えが肯定的であるのならば、次に、実行可能性の問題に取りかかることが出来る。すなわち、(経験主義の場合には)帰納的手続が、あるいは、(合理主義の場合には)生得的なスキーマを綿密に練り上げて具現化するメカニズムが、与えられた時間と接触量の制限内で、また、実際に観察されている出力の一様性の範囲内で、文法を構築することに成功するかどうかという問題である。実際には、この二番目の問題(実行可能性の問題)が、経験主義的見解との関連で真剣に取り上げられたことは、今までほとんどなかった(但し、多少の注釈については、Miller, Galanter, and Pribram 1960, 145–148

頁; Miller and Chomsky 1963, 430頁を参照のこと)。なぜならば、一番目の問題(原理上の妥当性という問題)についての研究だけで、言語獲得に関する近代の議論において現れてきている本質的に経験主義的な特性を持つどのような明示的な提案であっても、それを排除するのに充分だったからである。真剣に検討するに値するほど明示的である提案は、分類学的言語学の中で開発されてきたもののみである。そして、——実行可能性の問題は脇に置いておくとしても——分類学的言語学で研究されてきた種類の方法では、ある言語の話者が持っていると考えざるを得ない文法知識のシステムを生み出すことが本質的に不可能であるということは、疑う余地もなく証明済みであると思われる(これらの問題に関しての、返答不可能なように思われる——そして事実、現在まで返答も反論も受けていない——論証については、Chomsky 1956, 1957, 1964; Postal 1962b, 1964a, 1964c; Katz and Postal 1964, 第五・五節、および、その他多くの出版物を参照されたい)。そういうわけで、一般に、言語獲得に関する経験主義的理論は、それが明確である限り常に反駁可能であり、また、そこから先の経験主義的推測は全く空虚であり無益であったと言うことが出来るように私には思われる。これに対して、変換文法の理論における最近の研究によって示されているような合理主義的アプローチは、かなり生産的であることが証明されているように思われるし、また、言語に関して既に知られていることにも充分に合致しており、さらに、言語獲得システムが持つ固有の構造についての仮説で原理上の妥当性の条件を満たし、しかもその満たし方が充分に限定され興味深い満たし方であることによって、実行可能性の問題を初めて真剣に提起し得るような、そういった仮説を提供するという、少なくともいくばくかの希望を与えてくれているように思えるのである。

言語獲得装置についての個々の仮説をテストするための他の方法を探し求めることも出来るだろう。言語獲得システムが適切な外的条件の下で具現化される性質としてある特定の言語的普遍性を持っているとする理論は、特定の種類の記号システムのみが、この獲得システムによって言語として獲得され使用されることが出来る、ということを含意している。他の記号システムは、その装置の言語獲得能力を超えるものになるはずである。例えば、ヤコブソンの弁別素性理論において、あるいは変換文法の理論において、暫定的な言語的普遍性として提案されてきた形式的および実質的諸条件を満たしていないようなシステムを考案することは、もちろん可能である。原理的には、これらの条件を満たしていないようなシステムが考案された場合、そのシステムが言語学習にとって並はずれて難しい問題を提起するものなのかどうか、そして、言語獲得システムが機能するように設計された領域を超えるものなのかどうかを決定しようとすることが出来るであろう。具体例として、変換文法の理論によると、連鎖に対するある特定の種類の形式的演算(しかも、ア・プリオリな正当化を持たない演算)のみが、文法には現れ得る、という事実について考えてみよう。例えば、許容可能な演算は、考案し得る演算の中で最も「単純な」あるいは「初歩的・基本的な」ものである、ということを示すことは、いかなる意味においても出来ない。実際、連鎖に対しての「初歩的演算」と一般に考えられそうなものは、文法的変換として全く適格ではなく、逆に、文法的変換として適格である演算には、いかなる一般的な意味においても初歩的などとはとても言えないものが多いのである。特に、文法的変換は、部分連鎖に対する演算を、それらの連鎖に付与される範疇にのみ基づいて行なうという点において、必然的に「構造依存的」(structure-dependent)である。例えば、助動詞の全てまたは一部を、それに先行する名詞句の左に挿入するという変換規則は、これらの範疇に属する連鎖の長さや内部の複雑さがどれほどのものであろうとも、それを定式化することが可能である。しかしながら、任意の連鎖の鏡映(reflection)(すなわち、各 a_i が単一の記号であるような、任意の連鎖 $a_1 \cdots a_n$ を $a_n \cdots a_1$ へ置き換えること)、あるいは、任意の長さの連鎖全体にわたっての

(2n－1)番目の語と2n番目の語との相互交換、さらには、偶数個の記号から成る連鎖の真ん中に記号を挿入する、といった単純な演算を変換規則として定式化することは不可能なのである。同様に、もし変換を定義する構造分析が、後に触れるように、分析可能性に関するブール条件(Boolean conditions on *Analyzability*)に制限されているのならば、多くの「構造依存的」演算を変換規則として定式化することが不可能になるであろう。例えば、ある範疇の左端の要素である記号を繰り返すような規則(これは、構造分析において、文法の全ての範疇を列挙することが出来ないので、不可能である)、あるいは、同じ数の右端の範疇と左端の範疇とに同時に属しているような記号を繰り返す演算などである。従って、このような理論を提案する時は、ある言語が疑問文を形成するのに、例えば、(英語のように)特定の範疇間の順序を入れ換えることはあり得るが、鏡映とか、奇数番目の語と偶数番目の語の交換であるとか、あるいは、文の真ん中への標識の挿入などによって疑問文を形成することは出来ないということを予測しなければならなくなるであろう。それらのいずれを取ってみても、いかなるア・プリオリな意味においても決して自明ではないような数多くのこういった予測が、内在的特質としての言語獲得装置が有すると考えられる言語的普遍性についての充分に明示的な理論であればどのようなものからでも、演繹的に導き出されるのである。この種の問いを追究するという、非常に困難ではあるが興味をそそられる課題に対して先鞭をつけたものとしては、Miller and Stein (1963), Miller and Norman (1964) を参照されたい。

あるシステムが、人間の能力を反映している言語獲得装置によっては学習可能でないと言う時、そのシステムが何か他の方法で、例えばある種のパズルあるいは知的課題として取り扱われたとしても人間がそれをマスターすることは出来ない、と言っているわけではないということに注意されたい。言語獲得装置というのは、問題解決や概念形成に際して適用できる、知的構造のシステム全体の中の一つの成分に過ぎない。言い換えれば、言語機能は、心が持つ諸機能 (faculties) の一つに過ぎないのである。とは言っても、活動中の言語獲得システム[32]を持つ有機体が、言語のようなシステムを取り扱う時の方法と言語のようではないものを取り扱う時のやり方とでは質的な違いがその間に存在すべきである、ということは予想できるであろう。

有機体が持つ内在的認知能力を正確に記述するという問題、および、その有機体が持つ信念のシステムやそれが難なく身につけることが出来るような行動機構を明らかにするという問題は、実験心理学の中心的課題を成すべきものである。しかし、実験心理学の分野はそのようには発展してこなかった。学習理論は、大体において、もっとずっと周辺的であると思われるような主題、すなわち、実験的に操作可能な諸条件の下における「行動目録」の項目の獲得に見られる、種に依存しない規則性という問題に集中してきた。その結果、学習理論は、必然的に、有機体の認知能力にとって外在的な課題、すなわち、遠回りで、間接的な、そして断片的な方法で取り扱わざるを得ないような課題に注意を向けてきたのである。こういった研究の過程において、内在的認知構造や内在的な行動機構が学習されるものに及ぼす影響についての情報が、偶然に得られたことはある。しかし、このようなことが真剣に注目されたことは、(エソロジー以外のところでは)ほとんどなかったのである。この所見に対する例外が時々見受けられ(例えば、Breland and Breland 1961 における「本能的浮動」についての議論を参照)、それらは、より下等な生物に関する多くのエソロジー的研究と同様に、極めて示唆に富むものである。しかしながら、一般的問題とそこから派生する多くの問題は、依然として、初歩的段階に留まっていると言えよう。

要するに、言語学習の研究に関する現在の状況が本質的には以下のようなものであることは、明らかであるように思われる。我々は、言語獲得モデルの「出力」であるはずの生成文法の特性について、ある程度の量の証拠を持っている。この証拠が明確に示しているのは、言語構造に関する分類学的見解は妥当ではなく、文法構造の知識は、言語学、心理学、あるいは哲学において開発されてきた、いかなる種類の帰納的操作(分節化、分類、代入手続、枠組みのスロット充填、連想、等々)を段階的に適用することによっても生じることはない、ということである。さらに経験主義的推測を積み重ねても、これまでに提案され洗練されてきている方法の内因的限界を克服する方法について少しでも示唆的であるものは何もない。特に、そのような経験主義的推測は、言語の通常の使用に関する根本的事実、すなわち、新しい文をすぐに産出し理解する話者の能力を説明する方法を与えることはなく、その根本的事実を表わす方法さえも提供することがなかったのである。話者が産出し理解する新しい文は、物理的に定義されたいかなる意味においても、あるいは、枠組みや要素のクラスに関するいかなる概念を用いても、これまでに聞いたことがある文と似ているとは言えず、条件付けによってこれまで聞いたことのある文と関連付けられることもなく、哲学や心理学で知られている、いかなる種類の「般化」によっても、これまでに聞いたことがある文からは得ることが出来ないような文なのである。言語獲得というものが、形式的な観点から見ると深く抽象的な理論を

(すなわち、その言語の生成文法を)、子供が発見するということに基づいているということは、明白なように思われる。そして、その深く抽象的な理論の概念や原理の多くは、無意識の準推論的ステップから成る長くて入り組んだ連鎖によって、辛うじてやっと経験に関係付けられるに過ぎない。獲得される文法の特性、利用可能なデータの質の悪さとその範囲が狭く限定されているということ、結果として生じる諸文法の際立った一様性、さらには、広範囲にわたって異なる各人の知性、動機、感情状態などから文法が独立していることを考えると、言語構造の多くの部分が、その一般的特性について最初は何も知らないような有機体によって学ばれ得るという望みは、ほとんどないのである。

言語学習者にとって利用可能な証拠に基づいて文法知識が獲得されるという事実を説明できるほど豊かな仮説を、始原の生得的構造に関して定式化することは、今のところ不可能である。従って、言語獲得装置に関する仮説がどのようにして概念的最小に還元され得るのかを示そうとする経験主義者の努力は、全くの見当違いである。(33) 真の問題は、言語獲得を説明するのに充分なほど豊かではあるが、言語に関して知られているその多様性と矛盾するほど豊かではないような、初期構造に関する仮説を開発するという問題である。そのような仮説が、何世紀にもわたる経験主義者の学説から導き出されてくるような、学習についての先入観を満足させることはないというのは明らかだが、それは大した問題ではなく、単に歴史的な興味をひくに過ぎない。こういった先入観は、そもそも、極めて信じがたいことであるばかりでなく、事実の裏付けも欠いており、また、動物あるいは人間が「外的世界の理論」をどのように構築するのかということに関してわずかながら知られていることとも、ほとんど相容れないのである。

全ての知識が連想や「般化」という初歩的操作によって感覚のみから導き出されるという考え方が、十八世紀における科学的自然主義(scientific naturalism)のための戦いの中で、なぜ、非常に魅力的であったのかは、明らかである。しかしながら、人間の複雑な偉業を、何百万年にわたる進化に帰したり、あるいは物理法則にさらに一層深く基礎付けられているかもしれない神経の組織化に関する諸原理に帰したりするのではなく、何ヵ月(あるいはたかだか何年)かの経験に全てを帰するような立場を、今日真剣に主張する理由は、明らかに全く存在しない。さらに、そのような立場に立ってしまえば、人間は、知識を獲得する方法において動物の中でおよそ特異であるという結論を生むことにさえなるであろう。このような立場は、言語——すなわち、人間の創造物であり、その内部組織において人間の内在的能力が反映されていることが当然のこととして予想されるような、子供の世界の一面——に関しては、とりわけ受け容れがたいものである。

要するに、個別言語の構造が、個人において意識的に制御できないような、そして、社会による選択や自由がほとんど利かないような要因によって、その大部分が決定されてしまっているということは、充分にあり得ることなのである。現時点で入手することが出来る最も有益な情報に基づけば、子供は、ちょうど立体的な物体を知覚しないでいたり、線や角に注目しないでいたりすることが出来ないのと同じように、提示されたデータを説明するような、ある特定の種類の変換文法を組み立てざるを得ないのであると考えるのは、理に適ったことのように思われる。従って、言語構造の一般的特徴は、人間が持つ経験の道筋を反映しているというよりは、人間の知識獲得能力が持つ一般的特性、すなわち、伝統的な意味における生得観念や生得的諸原理を反映している、という可能性が充分にあるのである。この論点を明確にして、それが持つ多くの側面に関する理解を深めていくという問題は、記述的に妥当な文法を研究すること、さらにそれを超えて、説明的妥当性の条件を満たすような一般言語理論を定式化し正当化することに対して、最も興味深く重要な動機を提供するように、私には思われる。このような研究を推し進めることによって、「文法の諸原理は、人間の心に関する哲学の、重要で、かつ、非常に好奇心をそそる部分を成すものである」(Beattie 1788) という伝統的信念に対して真の実質を与えることが出来るかもしれないのである。

9　生成力とその言語学的意義

ここまでの数節で議論された主題との関連において、方法論的所見をもう一つ付け加えておくことは有益かもしれない。言語構造の記述理論[34]が与えられた時、その弱生成力 (weak generative capacity) と強生成力 (strong generative capacity) とを以下のように区別することが出来る。文法は、文の集合を弱生成し、構造記述の集合を強生成する、と言うことにする (各構造記述は一意的に一つの文を指定するが、逆は必ずしも成立しないことを思い出してほしい)。ここでの弱生成および強生成は、共に、(12 iv) = (13 iv) = (14 iv) における手続 f によって決定されるものである。言語理論Tが文法のクラス G_1、G_2、…を与え、G_i は言語 L_i を弱生成し、構造記述のシステム Σ_i を強生成するとしよう。この場合、クラス {L_1、L_2、…} は、Tの弱生成力を成し、クラス {Σ_1、Σ_2、…} は、Tの強生成力を成す。[35]

強生成力の研究は、定義された意味における記述的妥当性の研究と関係している。ある文法が構造記述の正しい集合を強生成する時、その文法は、記述的に妥当である。ある理論の強生成力が各自然言語の構造記述のシステムを含んでいる時、その理論は記述的に妥当である。そうでなければ、その理論は、記述的に妥当ではない。従って、経験的根拠に基づいて、強生成力が妥当でないことが判れば、そのことは、言語の理論に重大な欠陥があるということを示している。しかし、これまで見てきたように、強生成力という点で経験的に妥当であると思われる言語の理論が、必ずしもとりたてて理論的に興味深いとは限らない。なぜならば、説明的妥当性という決定的に重要な問題は、強生成力に関するどのような考察をも超えたところにあるからである。

弱生成力の研究は、言語学的にはかなり周辺的な関心事に過ぎない。弱生成力の研究が重要なのは、ある提案された理論が弱生成力さえも満たしていないという場合――すなわち、ある自然言語があって、その言語の文(sentences)さえも、当該の理論で許容可能ないかなる文法によっても枚挙することが出来ないような場合――においてのみである。実際、かなり初歩的なある種の理論(特に、文脈自由句構造文法の理論や、それよりさらに弱い有限状態文法の理論)が、自然言語の記述に要求される弱生成力を持っておらず、従って、実に驚くべき形で妥当性に関する経験的テストにおいて不合格になるということは、既に証明されている。[36] このことから、我々は次のように結論しなければならない。すなわち、言語理論が文法構造に関するより妥当な構想へと進展するにつれて、重大な欠陥を持つこれらのシステムの弱生成力とはいくつかの点で異なっているような弱生成力を持つ装置を、言語理論は可能にするようにしなければならないであろう。

しかしながら、これらのシステムが持つ根本的な欠陥は、弱生成力における限界ではなく、むしろ、強生成力においてそれらが示す多くの欠点であるという点に留意することが重要である。文脈自由文法(単純句構造文法)の理論が弱生成力において失格であるということをポウスタルは示したが、それに先だって、この理論の強生成力に関して六年以上にわたる議論があり、それは、文脈自由文法の理論が記述的妥当性を達成できないということを決定的に示していたのである。さらに、強生成力についてのこのような限界は、弱生成力に関してはおそらく失格しないと思われる文脈依存句構造文法(context-sensitive phrase-structure grammar)の理論にも及ぶ。弱生成力についての議論は、おそらく、生成文法の研究における極めて初期の原始的な段階を特徴付けるものに過ぎないであろう。真に言語学的興味のある問題が生じるのは、強生成力(記述的妥当性)、そして、さらに一層重要な問題として、説明的妥当性が議論の焦点になる時のみなのである。

先に見たように、充分に妥当な理論を開発する際の決定的に重要な要因は、可能な文法のクラスを制限することである。明らかに、この制限は、強生成力(従って、弱生成力はなおさらであるが)に関する経験的条件を満たすものでなくてはならないし、さらに、適切な評価尺度が開発された時には、説明的妥当性の条件も満たすようなものでなければならない。しかし、その先の問題は、「生成文法」を定義するスキーマに対して充分な構造を課し、その結果、一次言語データが与えられた時に、評価尺度によってテストされなければならない仮説が比較的少数で済むようにすることである。与えられたデータと矛盾しない仮説が、その価値に関して「分散して」おり、従って、そういった仮説の中から正しい文法を選択することが比較的容易に行なえることが望ましいのである。ひとたび記述的妥当性と説明的妥当性の条件が満たされれば、この「実行可能性」の要請が理論に対しての主要な経験的制約となるのである。理論の弱生成力と強生成力を数学的問題として研究する時、説明的妥当性および実行可能性の要請を心に留めておくことが重要である。例えば、弱生成力や強生成力を通して文法理論の階層を構築することが出来るが、このような階層は、言語理論の漸増的生成力を示す経験的におそらく最も重要な次元には必ずしも対応していない、ということを心に留めておくことが肝要である。そのような次元は、おそらく、与えられたデータと矛盾しない文法の価値が分散することを用いて定義されるべきものであろう。このような経験的に有意義である次元を用いて、その中で経験的に妥当であって、かつ最も「強力」でない理論を受け容れるべきなのである。その理論が弱生成力の次元において極めて強力であり(そして、おそらくは万能(universal)でさえあり、すなわち、テューリング機械の理論と生成力において等価であり)[37]、また、強生成力の次元においてさえも極めて強力であることが判明する、ということもあり得るだろう。しかし、だからと言って、その理論が究極的に真の経験的意義を持つような次元において非常に強力である(従って、価値が低いとされる)ということには、必ずしもならないのである。

以上をまとめると、文法の形式的諸特性に関する数学的研究は、おそらくは、非常に大きな可能性を持つ言語学の一領域である。それは、既に、経験的に興味深い問題に対していくつかの洞察を与えてきており、いつの日か、さらに一層深い洞察を与えてくれることもあるかもしれない。しかし、現在研究されている諸問題は、主に、数学的研究のやりやすさによって決定されているということを認識することが重要であり、また、このことを、何が経験的に有意義かという問題と混同しないことが肝要である。

註

(1) このような形で伝統的なメンタリズム(mentalism)を受け容れるということは、ブルームフィールドの「メンタリズム」と「機械論」という二分法を受け容れるということではない。メンタリスティックな言語学とは、その研究の主要な対象である言語能力を決定するために、(例えば、内観によって得られるデータなどの他のデータと共に)言語運用をデータとして用いる理論言語学のことに過ぎない。この、伝統的意味におけるメンタリストは、自分が研究している心的実在に関する可能な生理学上の基盤について、何も特定の仮定を設ける必要はない。中でも、メンタリストは、そういった基盤が存在することを否定する必要はいささかもないのである。むしろ、神経生理学的メカニズムの研究にとって、究極的に最も価値があるのはメンタリスティックな研究であるという推測が成り立つであろう。なぜならば、メンタリスティックな研究だけが、そのような神経生理学的メカニズムが示すはずの性質や、それが果たすはずの機能を、抽象的に決定することに関わっているからである。

実際のところ、言語学におけるメンタリズムと反メンタリズムの対立の問題は、目標と興味のみに関するものであり、真実か誤りか、意味があるかないかといった問題に係わっているのではないように思える。この、あまり価値のない論争には、少なくとも三つの論点が含まれている。

（a）二元論(dualism)：言語運用の根底にある諸規則は非物質的な媒介によって表示されているのか。（b）行動主義(behaviorism)：言語運用のデータにしか言語学者は興味を持たないのか、それとも、言語学者はその他の事実、特に、行動の根底にある、さらに深いシステムに関係しているような事実にも関心があるのか。（c）内観主義(introspectionism)：このような根底にあるシステムの性質を突き止めようとする時に、内観的データを使用すべきであるか。ブルームフィールドが見当違いに激しく批判しているのは二元論の立場である。行動主義の立場は、議論の対象となり得るようなものではない。それは、単に、理論と説明に対する興味の欠如を表わしているに過ぎない。このことは、例えば、サピアのメンタリスティックな音韻論に対する Twaddell (1935)による批判において明らかである。サピアのメンタリスティックな音韻論では、音韻的要素から成る抽象的システムの心的実在性に関する証拠としてインフォーマントの反応やコメントを用いていた。トワデルにとって、このような企ては意味のないことである。なぜならば、トワデルが興味を持っているものは、「凝縮度が低い形ではあるが、言語研究者にとって既に利用可能である」ところの、行動それ自体のみだからである。言語理論へのこのような興味の欠如は、「理論」という用語を「データの要約」に限定して用いるという提案に、特徴的に表われている(例えば、トワデルの論文、または、より最近の例を挙げると、Dixon 1963 に見られるような提案である。但し、ディクソンにおける「理論」に関する議論は、とても曖昧なもので、彼が意図しているかもしれないことについての他の解釈も可能である)。通常の意味における「理論」に対するこのような興味の欠如は、実証主義科学哲学において一九三〇年代初頭に一時的に考慮されたものの直ちに退けられた考え方(例えば、厳密な操作主義や強い検証主義など)によって、おそらく助長されたのであろう。いずれにしろ、問題(b)は、何ら実質的論点を提示しない。問題(c)は、(b)において、行動主義的な限定をしない場合にのみ生じる問題である。方法論的純粋さに基づいて、インフォーマント(しばしば、言語学者自身)の内観的判断は無視すべきだと主張することは、現時点においては、言語研究は全くの不毛であると宣告することと同じであり、このような主張に対して一体どのような理由が考えられるのか、想像し難いところである。この問題については、後にまた触れることにする。これ以上の議論については、Katz(1964c)を参照されたい。

(2) このことは、最近、ヨーロッパの何人かの言語学者(例えば、Dixon 1963; Uhlenbeck 1963, 1964)によって否定されている。しかし、彼らは、伝統文法に対して自分達が懐疑的である理由を一切示していない。今日利用可能である証拠は、そのどれをとってみても、伝統的見解が(それらが取り扱っている現象に限って言えば)概して、基本的には正しく、また、これらの言語学者が示唆しているような革新的分析は、全く正当化できないことを示しているように思われる。例えば、the man saw the boy の構成素分析は、[the man saw] [the boy]であるというウーレンベックの提案を考えてみよう。この提案によれば、おそらく、[the man put] [it into the box]、[the man aimed] [it at John]、[the man persuaded] [Bill that it was unlikely]などの文の構成素は、ここで示したようなものになってしまうであろう。構成素構造を決定するためには、考慮すべき多くの事柄があるが(註7を参照)、私が知る限り、それらは、全て例外なく、伝統的な分析を支持し、それが「純粋に言語学的分析」の結果であることを唯一の論拠とするウーレンベックの提案に反するものである。こういった点については、Uhlenbeck (1964)およびそこにおける議論を参照されたい。伝統文法に対するディクソンの反論に関しては、彼が(伝統文法が「専門の言語学者」によって長い間非難されてきたという、事実としては正しいが論点には関係がない観察を除くと)何の対案も論拠も挙げていないので、この場合、これ以上論ずるに値するものは何もない。

(3)　さらに、音声知覚も、この枠組みにおいて研究するのが最善であると思われる。例えば、Halle and Stevens (1962)を参照されたい。

(4)　この種の概念を有益な形で決定するように思われるテストは、様々なところで述べられている。例えば、Miller and Isard (1963)を参照。

(5)　これらの特徴付けは、皆同じように曖昧で、関係している概念も皆同じように不明瞭である。「発話される可能性が高い」であるとか、「蓋然性がある」とかいう概念は、「ある文が使用される確率」または「ある文タイプが使用される確率」という概念には何らかの明確な意味があるという想定の下に、他の概念よりも、より「客観的」で前もってより良く定義されていると見なされることがある。実際には、これらの概念が客観的で前もって明らかであるのは、使用される確率が相対的使用度数の推定値に基づいており、また、文タイプが「語類または形態素類の列」のようなものを意味している場合のみである。(さらに、もしそのような概念が多少なりとも意義を持つものであるとするのならば、語類または形態素類は非常に小さな類であり、また互いに代入可能な要素から成っていなければならない。さもなければ、容認不可能な文や非文法的な文が、文法的な文と同じくらい「可能性が高い」ものになり、それゆえ、容認可能ということになってしまうであろう。)しかし、この場合、「ある文(タイプ)が使用される確率」は明確できちんと定義されてはいるが、全く何の役にも立たない概念である。なぜならば、(直観的な意味で)容認可能性の高い文は、ほとんど全て、それが使用される確率が経験的にはゼロと区別できず、またその文が属する文タイプが使われる確率も経験的にはゼロと区別できないだろうからである。従って、容認可能な、または、文法的な文(あるいは文タイプ)が、それ以外のものよりも、いかなる客観的意味においても、使用される可能性がより高いなどということはないのである。「可能性の高さ」ではなく、「与えられた状況に応じての可能性の高さ」を考えたとしても、その場合の「状況」が観察可能な物理的性質によって指定されており、メンタリスティックな構成概念になっていない限りは、今述べたことが成り立つことに変わりはない。現実の状況における文の使用についての研究を、実態に即して客観的に行なっていると言っている言語学者達が、実際に例文を引用する段になると、その「状況」を記述するために、完全にメンタリスティックな言い方を常に用いているということは注目に値しよう。例えば、Dixon(1963, 101頁)を見てみよう。この本の中での唯一の例証として挙げられている例においては、ある文が、その意味を「英国文化」

という状況から得ていると記述されている。そもそも、英国文化を「状況」として記述することは、範疇錯誤である。さらに、英国文化というものを、観察された行動から抽出されたパターンであり、従って、純粋に物理的な言い方で客観的に記述できると見なすことは、人類学的研究から得られるであろう知見を完全に誤解していることをさらけ出しているようなものである。

さらに詳しい議論については、Katz and Fodor (1964) を参照のこと。

(6)　これが正しいかもしれないことは、いくつかの(今のところ、全く検証されていない)観察によって、示唆されている。例えば、Chomsky and Miller (1963, 286頁) においては、以下の例が引用されている。Anyone who feels that if so many more students whom we haven't actually admitted are sitting in on the course than ones we have that the room had to be changed, then probably auditors will have to be excluded, is likely to agree that the curriculum needs revision. (もし我々が実際に許可した学生よりも遥かに多くの学生がその授業に出席しているので、教室を変更しなければならなくなった時、おそらく聴講生は排除されざるを得ないだろうと感じている人は誰でも、カリキュラムの改訂が必要であるということに賛成するであろう。) この例は、(入れ子構造をまたぐ他の依存関係と共に) 自己埋め込みではない、六個の入れ子状依存関係を含んでいる。この文は、どう見ても適切な文体の模範とは言えないが、相当程度理解可能であり、容認可能性の尺度において極端に低いということはないように思える。これに比べると、度数2あるいは3程度の自己埋め込みは、もっと遥かにひどく容認可能性を攪乱するように思われる。この問題は研究に値する。

なぜならば、既に述べたように、(4 ii)に関しての肯定的な結果は、記憶の構成についてのそれほど自明ではない結論を支持するからである。

(7) 伝統的に等位構造とされているものは、必ず、右再帰(right recursive)構造(Yngve 1960)、あるいは、左再帰(left recursive)構造(Harman 1963, 613頁、規則3・i)のいずれかであるとの主張がなされることがある。これらの結論は、等しく受け容れがたいように私には思える。例えば、(ハーマンに従って)a tall, young, handsome, intelligent man(背が高く、若くて立派で聡明な男の人)という句が[[[[tall young] handsome] intelligent] man]という構造を持つと仮定することは、この句が[tall [young [handsome [intelligent man]]]]という構造を持つと仮定することが正当化できないのと同じように、とても正当化し得ないのである。実際、いかなる内部構造に対しても文法的動機付けは存在せず、また、先ほど述べたように、構造が存在しないという仮定の方は、容認可能性の点からも支持され、その際に記憶の構成に関する仮定は非常に弱く【従って、余分な仮定を含まず望ましい】順当なものになるのである。それ以上の構造(例えば、[intelligent [young man]]、あるいは、youngに対照強勢を置いた[YOUNG [intelligent man]]など)を正当化できるかもしれない場合は存在するが、ここでの論点はそういったことではなくて、そのような構造が常に必要かどうかであるということに注意されたい。

これと同じことが、all the young, old, and middle-aged voters(若きも老いも中年も全ての有権者)のような句に見受けられる全く異なった型の形容詞−名詞構文について考える時にも当てはまる(これらの様々な種類の修飾関係についての興味深い議論については、Ornan 1964 を参照)。ここでも、[[young, old] and middle-aged]と[young [old and middle-aged]]のいずれの構造も、何ら正当性を持っていない。

同様に、イングヴェに従って、John, Mary, and their two children(ジョンとメアリーと彼らの二人の子供達)という句の構造は[John] [[Mary] [and their two children]]であり、John が Mary and their two children と等位接続されており、さらに、Mary and their children が等位接続されている要素 Mary と their children に分析されるなどと仮定することは、もちろん不可能である。この構造は全く意味に合わないのである。もう一度注意したいが、接続詞構文は、この構造を「持ち得る」(例えば、John, as well as Mary and her child(ジョン、そして(もちろん)メアリーと彼女の子供)。接続詞構文がこの構造を「持たなければならない」と主張することが明らかに間違っているのである。

この場合、今まで知られている全ての統辞的、意味的、音声的、知覚的考察は、これらの構文が典型的な等位接続(多項枝分かれ)であるという伝統的見解を支持するという点で一致している。また、これが最も弱い仮定であることにも注意したい。立証責任は、これ以上の構造があると主張している人の側にあることになる。構成素構造の付与を正当化するには、様々な方法がある。例えば、all (none) of the blue, green, red, and (or) yellow pennants(青、緑、赤、黄色のそれらの小旗全て/青、緑、赤、黄色のそれらの小旗のどれも(……でない))のような句において、もし

blue, green, red が構成素である(すなわち、構造が左枝分かれである)、または、green, red, and (or) yellow が構成素である(すなわち、構造が右枝分かれである)と主張したければ、そういった分析が何らかの文法規則にとって必要であること、措定されている中間的な句が意味解釈を受けなければならないこと、それらの分析が音調曲線を定義すること、その分析に対しての知覚上の根拠が存在すること、などといったことを示さなければならない。この場合や、ここで触れたその他の場合においては、今述べた主張は全て明らかに間違っている。例えば、young, old, and middle-aged voters での old and middle-aged、none of the blue, green, red, or yellow pennants での green, red, or yellow、あるいは、John, Mary, and their two children での Mary and their two children に対して意味解釈を与えることは出来ず、音声規則は、明らかに、そのような構成素分析を排除しており、そういった分析を必要とする文法規則は存在せず、その分析を支持する知覚上のあるいはその他の論拠も存在しない。従って、これらの例において、伝統的分析に反対し、さらに中間的な範疇が存在すると主張する根拠を見出すのは、難しいように思えるのである。

(8) イングヴェは(Yngve 1960 およびその他いくつかの論文において)、(4)に見られる観察を説明するために、異なった理論を提案している。記憶の有限性という明らかな条件の他に、彼の理論は、生成の順序が産出の順序と同じである、すなわち、話者と聴者は文を「上から下へ」と産出する(初めに主要な構造を決定し、次にその下位構造の決定などをして、語彙項目の選択はその過程の一番最後まで残しておく)ということも仮定している。ここで追加された非常に制限された仮定の下では、以前述べた最適知覚装置を構築することはもはや不可能であり、入れ子や自己埋め込みと同様に、左枝分かれや多項枝分かれも、イングヴェが言っている意味における「深度」(depth)を増し、従って、容認不可能性の一因となるのである。この仮説を支持するためには、以下のことを示す必要があろう。(a)その仮説が基本的な面での妥当性(初期妥当性)を持つこと。(b)左枝分かれや右枝分かれが、実際に、入れ子や自己埋め込みと全く同じように容認不可能性の一因となること。(a)に関して言えば、話者が、一様に、文の型をまず選択し、次に下位範疇の決定などをして、最後の段階で一体何について話すつもりかを決めなければならないとする仮定であるとか、また、聴者は、必ず、より低いレベルでの解析を行なう前に、より高いレベルでの決定を全て行なっておくべきであるというような仮定には、全く何の妥当性もないと思う。(b)について言えば、この仮説を支持する証拠は一切ない。イングヴェが挙げている例は、全て、入れ子や自己埋め込みを含んでいるものであり、従って、この仮説とは無関係である。なぜならば、この場合の容認不可能性は、話者–聴者の「上から下へ」の産出という仮定を追加する必要なしに、記憶の有限性という仮定のみから導き出されるからである。さらに、この仮説は、多項等位接続構造(註7を参照)が(予測されるように容認可能性が最も低いのではなく)容認可能性が最も高く、そして、左枝分かれ構造は、イングヴェの言っている意味での「深度」が同じである入れ子構造よりも容認可能性が高いという観察(4 iii)と矛盾している。また、この仮説は、例えば(2 i)のような、(4 iv)のタイプの例文が、「深度」がとても低いにもかかわらず、なぜ依然として容認不可能なのかということも説明できないのである。

しかしながら、イングヴェは、これらの論文において一つの重要な点を指摘している。それは、変換規則の中には、入れ子構造を減少させ、その結果、知覚上の負担を軽減するために用いることが出来るものがあるという主張である。これは、文法はなぜ変換規則を含んでいなければならないのかという問題に関して、興味深い議論を示している。この主張をさらに強化する議論が変換文法を含む言語運用モデルを提案するMiller and Chomsky (1963, 第二部)によって与えられている。

(9) この自明の理でさえ、最近その正当性が疑われていることは、驚くべきことである。Dixon (1963)を参照。しかし、ディクソンが、言語には無限に多くの文があることを否定している時、彼は、「無限」(infinite)という用語を、何か特別な、そして、かなり不明瞭な意味で使っているように思われる。例えば、ディクソンは、「言語には無限の数の文がある」という主張に反対しているのと同じ頁(Dixon 1963, 83頁)で、「N個以上の節を含む文は存在しない」とも述べている(すなわち、ある定まった数Nが存在するとは、明らかに言えない」とも述べている(すなわち、彼は、言語は無限であると述べているのである)。これは、はなはだしい自家撞着か、そうでなければ、ディクソンが「無限」という語の新たな意味を心に抱いているか、のいずれかである。このことに関連しての彼の意見について、さらに詳しい議論は、Chomsky (in press)を参照のこと。

(10) 用語法は別にして、ここでは、Katz and Postal (1964)における説明に従うことにする。特に、意味部門は、本質的には彼らが記述している通りであり、音韻部門は、Chomsky, Halle, and Lukoff（1956）; Halle（1959a, 1959b, 1962a）; Chomsky（1962b）; Chomsky and Miller（1963）; Halle and Chomsky（1960; in preparation）で記述されている通りであると一貫して仮定する。

（11）統辞部門は語彙・辞書（lexicon）を含んでおり、各語彙項目（lexical item）はその語彙・辞書内で、（それがどのようなものであろうとも）その項目が持つ内在的意味素性の指定を受けている、と一貫して仮定する。この問題については、次章【『諸相』第二章】でまた取り扱うことにする。

（12）「深層構造」および「表層構造」という術語の代わりに、それらに対応するフンボルトの概念である、文の「内部形式」および文の「外部形式」という言い方を用いることが出来るかもしれない。ここで使われている意味での「深層構造」と「表層構造」は、それぞれ、（文について用いられた場合の）フンボルトの「内部形式」と「外部形式」と、確かにかなり密接に対応していると私には思われるが、ここでは、テクスト解釈上の問題を避けるために、より中立的な用語を採用することにした。「深層文法」（depth grammar）および「表層文法」（surface grammar）という用語は、ここで意図している意味とほぼ同じような意味で、現代哲学ではなじみ深いものである（ヴィトゲンシュタインの Tiefengrammatik と Oberflächengrammatik との区別を参照、Wittgenstein 1953, 168頁【六六四節】）。ホケットは、分類学的言語学の非妥当性を論じる議論において、類似の用語を使用している（Hockett 1958、第29章を参照）。ポウスタルは、同じ概念を表わすのに、「根底にある構造」（underlying structure、基底構造）および「表面構造」（superficial structure）という用語を使用している(Postal 1964b)。

ここで使われている意味での深層構造と表層構造の区別は、ポール・ロワイヤルの『文法』において、極めて明確に成されている(Lancelot and Arnauld 1660を参照)。これについての議論と参考文献については、Chomsky(1964, 15－16頁; forthcoming)を参照されたい。哲学における議論では、深層構造と表層構造の区別は、誤った文法的類推から、どのようにしてある哲学的立場が生じるのかということを示そうとする場合に、よく引き合いに出される。ここでの文法的類推とは、ある表現の表層構造が、その表現と表面的に類似している別の文にとってしか妥当ではないような方法によって、意味的に解釈可能であると誤って考えられることである。例えば、Thomas Reid(1785)は、よく見られる哲学上の誤りの原因は、以下の事実にあると主張している。

あらゆる言語には、明確な意味を持っている句が存在する。他方、同時に、それらの句の構造には、文法の類推や哲学の原理と一致しないようなものがあるかもしれない。……例えば、我々が痛みを感じると言う時、あたかも、痛みというものが、それを感じることとは何か別なものであるかのような言い方をする。我々は、痛みが、起こったり、なくなったり、ある場所から別の場所に移る、というような言い方をする。こういった句は、それを用いている人々にとっては、不明瞭でも誤りでもないものとされているのである。しかし、哲学者は、そのような句を浄化器に入れて、彼らの第一原理に還元し、意図されていなかった意味をそれらの句の中から引き出し、そのことによって無教養な人の過ちを発見したと思うのである［167–168頁］。

より一般的に言えば、リードは、観念の理論を、「何かについての観念を持つということは、その何かについて考えることに他ならない」とする「世俗的な意味」からの逸脱に基づいているものとして批判するのである（105頁）。しかし、哲学者達は、観念を、「心が思索する対象」（105頁）であると見なしている。すなわち、ある観念を持つということは、心の中に、思考の直接的対象としての像、姿、または、表示（表象）を持つことである、ということになる。その結果、思考の対象になるものが二つ、すなわち、心の中にある観念と、その観念によって表示されるモノが存在することになる。リードが考えているように、この結論から、伝統的な観念の理論が持つ不条理が出てくることになる。これらの不条理の原因の一つは、「心の働きとその働きの対象との区別は、……無教養な人々にはよく知られており、また、あらゆる言語の構造に見受けられるものであるが……この区別に」（110頁）哲学者が注意を払わなかったことにある。「観念を持つ」という言い方のこれら二つの意味は、デカルトが彼の『省察』（*Meditations*）の序文（Descartes 1641, 138頁）において区別していることに注意されたい。リードの言語学的観察と同様のものは、彼よりも遥か以前に、デュ・マルセによっても行なわれている。死後の一七六九年に出版された著作において、デュ・マルセは以下のように述べている［179–180頁］。

そうして、我々は、「私は、本を一冊持っている」、「私は、ダイヤモンドを一つ持っている」、「私は、時計を一つ持っている」という言い方をしてきたのと同じように、「私は、熱を持っている」、「私は、欲望を持っている」、「私は、恐れを持っている」、「私は、疑いを持っている」、「私は、同情を持っている」、「私は、考えを持っている」などと言う。しかし、本、ダイヤモンド、時計は、我々の思考とは独立して実在する対象の名称であるのに対して、健康、熱、恐れ、疑い、欲望などは、ある特定の観点から心を考えた場合のその様態を表わすだけの形而上的な用語に過ぎない。

「私は、ダイヤモンドを一つ持っている」という例における「私は持っている」という言い方は、元来の意味で理解されるべき表現だが、「私は、考えを持っている」という例における「私は持っている」という言い方は、模倣によって言われているに過ぎない。それは、借りものの表現である。「私は、考えを持っている」は、換言すれば、「私は考えている」、「私はこのように思っている」ということである。「私は、欲望を持っている」は、換言すれば、「私は、そう望んでいる」ということであり、「私は、その意欲を持っている」は、換言すれば、「私は、そうしたい」ということである、等々。

従って、観念、概念、想像などは、実在する対象を指しているのではなく、さらに言えば、それらは、人が、他のものと結び付けることが出来るような、知覚可能なものを指しているわけでもないのである。

もう少し最近になると、哲学の目的は、実際のところ、「言語的な言い回しの中に、繰り返し現れる思い違いや不条理な理論の原因を見つけ出すこと」(Ryle 1931)に厳格に限るべきである、とする主張が広く行なわれるに到っている。

(13) これらの記述は、完全に正確というわけではない。事実、(10)における補文は、前置詞句の中に埋め込まれていると考える方がより適切であろう(『諸相』第三章を参照)。また、ピーター・ローゼンバウムが指摘したように、(11)の補文は、expect の名詞句目的語(Noun-Phrase Object)の中に埋め込まれていると考えるべきであろう。さらに、(10)および(11)における動詞補助要素(Verbal Auxiliaries)の取り扱いも不正確である。また、受動変換の標示に関連するその他の修正もあるが、それについては『諸相』第二章でまた触れることにする。

(14) 多くの子供が、第一または第二言語を、特別な取り計らいをして教えなくても、また、その進歩に特別な注意を払わなくても、とても見事に獲得することは明らかなように思われる。観察される実際の発話の多くは、断片や、様々な種類の逸脱した表現から成っているということも明らかなように思われる。従って、たとえ、子供が理論構築の際に基盤とする一次言語データが、構築しようとしている理論の見地からすると様々な点で不充分だとしても、子供は、適格性を定義し、文に解釈を付与する生成文法を「創り出す」(invent)能力を持っているに違いないと思われる。一般的に、「誰もが会話の中で出くわす苦労は、……相手が考えていることを理解することにあるのではなく、むしろ、相手が考えていることを、それとはしばしば一致しない記号または語から抽出することである」(Cordemoy 1667)という伝統的な見解には、重要な真理の一面が含まれている。そして、このことが音声知覚に対して提起している問題は、言語学習者にとっては何倍にも拡大されて現れるのである。

(15) 例えば、Russell(1940, 33頁、「論理的見地からすると、固有名は、空間・時間的に連続している部分であれば、いかなるものに対しても与えられ得る」)がある。但し、彼の「論理的固有名」(logically proper name)という概念が、経験的仮説を具体的に述べたものであると解釈すれば、であるが。このように解釈すると、ラッセルは、疑いなく、一つの心理学的真理を述べていることになる。そうでない解釈の下では、ラッセルは「固有名」というものに、動機付けのない定義を与えていることになってしまう。名辞やその他の「対象語」が、何らかの空間・時間的連続性の条件を満たさなければならないとか、その他のゲシュタルト的性質を持たなければならないという論理的必然性は存在しないのであり、指示されている対象が実際に知覚可能な種類のものである限り、名辞や対象語が空間・時間的連続性の条件を満たしゲシュタルト的性質を持っているらしいということは、決して自明ではない事実である(例えば、このことは、「(アメリカ)合衆国」(United States)の場合には当てはまらないし、同様に、「障壁」(barrier)のような、もう少し抽象的で、機能的に定義されている概念の場合にも当てはまる必然性はない)。従って、自然言語にLIMBのような語、つまり、limb(手足、四肢の肢)に類似しているが、それが犬の四本の足からなる単一の対象を指し示しており、その結果、「そのLIMBが茶色である」(its LIMB is brown)というのは(「その頭が茶色である」(its head is brown)と同様に)、四本の足からなる対象が茶色であるというのを意味するという点のみにおいてlimbと異なるような語が、どうやら存在しないということに対する論理的根拠は存在しないのである。同様に、HERDという語、すなわち、集合名詞herd(群れ)に類似しているが、それが何頭かの牛をその部分とするような単一の散在している対象を指し示しており、その結果、「牛(一頭)が足を一本失った」(a cow lost a leg)が「(その)HERDが足を一本失った」(the HERD lost a leg)を含意する、等々という点のみにおいてherdと異なるような語を自然言語がなぜ持ち得ないのかという点に関するア・プリオリな理由は存在しない。

(16)　例えば、アリストテレス(『デ・アニマ』(『霊魂論』)、403b)では、「自然科学者は「石、煉瓦、材木」として家を記述するであろう」が、「家の本質とは、「風、雨、熱による破壊から保護するもの」のような公式で与えられるのである」とされている。この定義についての興味深い注釈としては、Foot(1961), Katz(1964d)を参照されたい。

(17)　「適当な手続」(reasonable procedure)とは、言語外の情報を含まないようなもの、すなわち、「百科事典」を組み込んでいないようなものを意味している。これに関する議論は、Bar-Hillel(1960)を参照のこと。任意の言語間の翻訳に対する適当な手続が可能であるかどうかは、実質的普遍性が充分であるかどうかにかかっている。実際、諸言語がかなりの程度同じ鋳型で造られていると信ずべき理由は多々あるが、翻訳の適当な手続が一般に可能であると仮定するべき理由はほとんど存在しないのである。

(18)　実際には、G_jが与えられた場合、構造記述の集合がfによって各s_iに付与されるべきであり(そして、各構造記述は、ただ一つだけのs_iに付与されなければならない)、その集合の中の構造記述一つひとつは、G_jに関しての文s_iの各解釈に対応している。従って、多義的でない文は構造記述を一つ、二通りに多義的な文は構造記述を二つ、等々のように構造記述が与えられるべきである。また、ここにおける写像は実効的(effective)である——すなわち、文、構造記述、および文法を枚挙し、そして(このことは、おしなべていささか不明瞭ではあるが)全ての場合においてfとmの値を決定するアルゴリズムが存在する——と仮定することにする。

(19)　実際の言語学習理論を構築するためには、例えば、適切な仮説の漸進的な発展、適合する仮説を発見する方策の単純化、言語の基本形式を身につけた後も長く続くかもしれない、言語的技能や知識の継続的な増大、および、言語構造の分析の深まりなどに関わる、その他いくつかの極めて重大な問題に取り組む必要があるのは明らかであろう。私が述べているのは、正しい文法を獲得する瞬間だけが考慮されている理想化された場合である。今述べたような付加的な考察を採り入れるならば、多くの点で一般的議論に影響を与えることになるかもしれない。例えば、前提条件(i)–(v)そのものが、限定されてはいるが実在性を伴う何らかの方法によって、より深い生得的構造を基盤にして、一次言語データおよびそれが提示される順序と様式に部分的に依存するような方法で展開されていくというようなことがことによるとあり得るかもしれない。さらに、次第により詳細に、そして、より高度に構造化されていく一連のスキーマ(成熟段階に対応しているが、それ自体の形式は、おそらく、部分的には言語獲得の初期段階において決定されているスキーマ)が、言語獲得の順次的な各段階においてデータに適用されるということは、大いにあり得る可能性である。こういった事柄に関して考察の対象になるような可能性は、ア・プリオリには多数存在する。

(20)　近代の構造言語学が、どのようにしてこれらの条件を満たそうとしてきたのかを見ることは有益である。構造主義では、正しい仮説(文法)を発見する手法は、コーパスにおける項目を順次分節し分類していくという手続に基づいていなければならないと仮定している(おそらく、ここでのコーパスにある種の意味情報が補足されると、一次言語データを構成することになる。但し、この意味情報が当面の問題と正確にどのような関連性を持つのかということは、これまで一度も明らかにされたことがない)。文法発見の手続に対するこの極端に強い要求の代償として、広範囲にわたって記述的妥当性を犠牲にする必要があった。実際、近代言語学の方法論的議論は、(ii)-(iv)に挙げられた問題には(それらについての一定の結論を含意してはいるが)ほとんど注意を払っておらず、分類と分節の構成的で段階的な手続の開発にのみ、ほぼ集中しているのである。この点に関する議論は、Lees(1957), Chomsky(1964)を参照されたい。

(21)　この点は、いささかの歴史的意味合いを持っている。一般的に注釈者達によって指摘されてきたように、生得観念の学説を論破しようとするロックの試みは、実のところ、ちょうど我々が今まで議論してきた区別に彼が気が付かなかったことによって、大部分、その効力が失われてしまっているのである。一方、デカルトにとってはこの区別は明らかなことであった(また、後には、ライプニッツによって、ロックの『人間知性論』に対する彼の批判において、再度強調された)。第8節を参照のこと。

(22) 註19を参照のこと。実際の獲得モデルには、仮説を発見する方策が備わっていなければならない。例えば、その方策とは、言語学習過程の各段階において、(評価尺度(v)に基づく)ある値よりも優れている文法のみを考慮することだと仮定してみよう。そうすると、有意義な言語理論に要求されていることは、一次言語データDが与えられた場合、Dと適合する文法のクラスが評価尺度の値に関して充分に分散しており、その結果、Dと適合する文法のクラスと価値の高い文法のクラスとの共通部分が充分に小さくなっている、ということである。そのような場合にのみ、言語学習が実際に行なわれ得るのである。

(23) 註10の参考文献を参照のこと。

(24) 説明理論を正当化しようとする試みの失敗については、もちろん、様々な解釈が可能である。それは、理論が間違っていることを示しているのかもしれないし、あるいは、理論の帰結が誤って決定された——特に、記述的妥当性が検証された文法が最も高い価値を持つ文法ではなかった——ことを示しているのかもしれない。まともな評価尺度は、いかなるものであっても、システム全体に係わる尺度でなければならないし、また、言語は緊密に相互連結されたシステムであるから、今述べた後者の方の可能性も割り引いて考えるわけにはいかないだろう。要するに、実質的でかつ瑣末ではないような経験的仮説であればいかなるものでもその正当化の際に直面する問題から、言語理論の正当化も逃れることは出来ないのである。

(25)　実際のところ、クワインの立場を本当の意味での経験主義者の立場として捉えるべきかどうかは、明らかではない。例えば、クワインは、続けて次のように提案している。生得的質空間において、赤いボールと緑のボールとの距離は、赤いボールと赤いハンカチとの距離よりも小さいように思われ、従って、我々には、前経験的な距離の特徴付けの仕方のみでなく、その特徴付けを様々な観点から見た距離に分析していくことも生得的に備わっているのである。このようないくつかの注釈に基づいて考えると、彼は、「ボール」のような概念は生得観念であると提案しており、従って、極端な形の生得説(nativism)を採用していると解釈することも可能である。少なくとも、右に引用されている提案が、この解釈とどの点において異なるのかを理解することは難しい。こういった反経験主義的解釈をさらに支持するものとして、クワインが強化理論を事実上放棄しているということを指摘することが出来よう(次の註26を参照)。

残念なことに、経験主義的見解として意図されているものは、一般に、実に漠然とした方法で定式化されてきたので、経験主義的見解を、少しでも確信をもって解釈したり、分析し評価したりすることはほとんど不可能に近い。極端な例として、スキナーによる、言語がどのように学習され使用されるのかということについての説明を挙げても良いかもしれない(Skinner 1957)。この説明に対して与えることが出来る筋の通った解釈は、二つしかないように思われる。もし、その説明の中に現れる「刺激」、「強化」、「条件付け」などの術語を、実験心理学で用いられている意味で解釈するならば、この説明は、はなはだしく、かつ、明白に事実に反するものであり、ここで議論をする意味もないであろう。あるいはその代わりに、これらの術語を、実験心理学で使われている(本質的には同音異義の)術語の比喩的拡張であると解釈することも出来るかもしれない。その場合には、提案されていることはメンタリズム的説明であり、それが伝統的メンタリズムと異なるのは、伝統的メンタリズムの概念を言い換えるために用いることが出来る術語上の仕組みが貧弱なため、多くの区別が必然的に不明瞭にならざるを得ないという点のみである。とりわけ不思議なことは、こういった言い換えが、伝統的メンタリズムとは違って、とにかく「科学的」であると執拗に主張されていることである。【註1の議論も参照。】

(26) ここでの適用は、おそらく「強化」によって媒介されるのであろうが、現代の行動主義者の多くが、この術語を極めていい加減に用いているので、強化について言及してみても、彼らが提唱する知識の獲得の説明にとっては、何の足しにもならない。例えば、Quine(1960, 82–83頁)が示唆するところによると、「適合に対する何らかの基本的な好み」が「先々の価値」に取って代わるかもしれないし、反応に対する社会的強化は「単なる確認的な用法」にその本質があり、「その用法が子供の努力の結果に類似しているということだけが唯一の報酬である」かもしれないのである。クワインが正しく留意しているように、「これも、また、スキナーの図式に充分合致するものである。というのは、彼は報酬を列挙しているわけではないからである」(これが、スキナーの図式がほとんど空疎なものになっていることの一因なのであるが)。この提案の帰着するところは、「強化」の唯一の機能は、子供に正しい用法についての情報を与えることかもしれない、ということである。従って、「強化理論」が行なっている経験的主張とは、言語の学習はデータなしでは進行し得ないということであろう。実際は、スキナーの「強化」の概念は、これよりもさらに弱いものであるように思える。どうしてかというと、彼は、「強化刺激」が、反応を行なう有機体に直接的に提示されることさえ要求していないからである。それが期待されるか、あるいは想像されるかするだけで充分であるとしているのである(この問題に関連する実例を集めたものについては、Chomsky 1959b を参照されたい)。

(27)　今日知られているところからすれば、これらのメカニズムは、決して初歩的であるとは限らない。例えば、Lettvin et al.(1959), Hubel and Wiesel(1962), Frishkopf and Goldstein(1963)を参照のこと。これらの研究が立証したことは、【網膜などの】受容器のシステム、または、【一次視野などの】低次の皮質中枢における周辺的処理が、刺激に対する複雑な、そして当該の動物の生活空間にかなり特有で、また、その行動様式とよく相関しているように思われるような分析を提供しているのかもしれないということである。従って、周辺における処理でさえも、経験主義的考え方において前提とされてきた、非構造的で原子論的な枠組みの範囲内では記述することが出来ないように思われる。

(28) ここでは、私はラングリーの訳から離れることにする。ラングリーの訳は、この部分を不正確に訳している。フランス語の原文は以下の通りである。"... je demeure d'accord que nous apprenons les idées et les vérités innées, soit en prenant garde à leur source, soit en les vérifiant par l'expérience. Ainsi je ne saurois admettre cette proposition, *tout ce qu'on apprend n'est pas inné*. Les vérités des nombres sont en nous, et on ne laisse pas de les apprendre, soit en les tirant de leur source lorsqu'on les apprend par raison démonstrative (ce qui fait voir qu'elles sont innées) soit en les éprouvant dans les exemples comme font les arithméticiens vulgaires. ..."

(29) これらの問題に関してさらに議論したもの、および、これらの問題に関するフンボルトの見解を示す引用については、Chomsky (1964)を参照のこと。

(30) これが分類学的言語学に対する正当な解釈であるかどうかは決して明らかではない。まず第一に、構造言語学は——合理主義的言語理論では主要な主題であった——言語使用の「創造的な」側面には、ほとんど関心を示さなかった。換言すれば、構造言語学は、これまでに聞いたことがない新たな文の産出と解釈、すなわち、言語の通常の使用には、ほとんど注意を払わなかったのである。従って、直接構成素分析についての様々な理論を生成的な句構造文法として解釈できるという(Chomsky 1956, 1962a あるいは Postal 1964a におけるような)提案は、そういった理論を開発してきた言語学者によって明示的に述べられていることを間違いなく超えるものであり、おそらく、彼らの意図したことをも超えるものである。つまり、記述的妥当性という中心的問題は、構造言語学においては真剣には提起されていないのである。第二に、(ファース学派や「新ファース学派」、および、その他多くの言語学者に加えて)「新ブルームフィールド学派」(neo-Bloomfieldian)の言語学者達は、註1の解釈(b)によるブルームフィールドの行動主義を受け容れ、その結果、記述的妥当性に対する関心を明示的に否定し、文法記述の作業を、少なくとも理論上では、一次言語データの組織化に限定してきた。その他の言語学者は、文法は、少なくとも、話者の「習慣」や「性向」(傾性)を記述すべきであると主張した。但し、言語使用を習慣や性向の問題であると見なすことが出来る、ということの意味が充分に明らかにされたことは、一度もない。もっと正確に言えば、それに従えば言語を「習慣構造」あるいは「性向のシステム」として記述することが正しいとされるような、「習慣」や「性向」という術語の明確な意味は存在しないのである。

一般に、ほとんどの行動主義的傾向を、そもそも経験主義の変種であると見なすべきなのかどうかは、決して明らかなことではない。なぜならば、古典的経験主義と異なり、行動主義的傾向は、心的プロセスや心的機能(すなわち、記述的妥当性と説明的妥当性の問題)に関して、いかなる興味を抱くことをも公的に放棄しているからである。

(31)　言語獲得に関する所与の諸事実を説明するにあたっての相対的成功度を除いては、これが、そのような対案の比較が意味を持つ唯一の点である。しかし、このことについて考察しても、対案の中からの選択に関係するような情報は得られそうもない。

一般に、極めて特殊化された入力–出力関係が、必ずしも、複雑で高度に構造化された装置を前提としているわけではない、ということを心に留めておくことが重要である。心についての仮定が、それが変換文法のためのスキーマを含んでいるというものであっても、あるいは、恣意的な連想をしたり、ある種の帰納的または分類学的操作を行なうためのメカニズムを含んでいるというものであっても、いずれにしても、これらの仮説を支持するために用いることが出来るような、脳に関する知識も、あるいは、妥当性が高いと思われる物理的システムに関する技術的洞察もほとんど存在しないように思われる。同様に、合理主義的見解と経験主義的見解の間には非対称性が存在し、合理主義的見解は、それが仮定している内在的構造がどのようにして生じるのかを示していないゆえに論点回避を行なっているのであるとする、よく見られる一般的な仮定には何の正当性もない。経験主義的見解も、全く同じ問題を未解決のままにしているのである。今のところ、進化の過程、あるいは有機体の構造に関する他の決定因子を通して、合理主義的なスキーマがいかにして生じたのかという説明が存在しないのと同様に、経験主義的データ処理操作が、生得的構造として、どのようにして種の内に発生したのかということに関する説明も存在していない。また、人間以外の種との比較が経験主義的論証に役立つこともない。それどころか、知られている種は全て、高度に特殊化された認知能力を持っているのである。比較心理学は、知識や行動についての経験主義的仮定に基づいて特に進展してきたようなことはなかったし、また、経験主義的仮定にいかなる支持を与えるものでもない、ということに注意することは重要である。

(32)　言語獲得システムが充分に活動できるのは、心的発達の「臨界期」(critical period)の間だけであること、あるいは、もう少し明確に言えば、その様々な成熟段階(註19を参照)にはそれぞれ臨界期があるということを信じるだけの理由が存在する。この問題に関連するデータについての重要で有益な概観としては、Lenneberg (in preparation)がある。人間言語の本質に関する生物学的制約の問題についての、その他多くの側面に関しては、この著作、およびLenneberg (1960)において議論されている。

言語獲得に係わる諸々の働きが、抽象的な心の——あるいは、物理的な脳の——完全に別個の部門でなされているとここで言おうとしているわけでは、もちろんないことに注意してほしい。ちょうどこれは、知覚の諸々のメカニズムを研究する時に(Sutherland 1959, 1964を参照)、それらが、全体的な知覚システムにおける別個に独立した部門のことを意味しているわけではない、ということと同様である。実際、認知のその他の側面が、言語獲得や言語使用とその性質をどの程度まで共有しているのかを決定することや、また、心に関するより豊かでより包括的な理論をこういった方法で発展させようとすることが、心理学にとっての重要な問題なのである。

(33)　経験主義が、どういうわけか「科学的」哲学であると一般に見なされているのは、奇妙な事実である。実際には、知識の獲得に関する経験主義的アプローチは、それに対応する合理主義的アプローチではほとんど見られないような、ある種の独断的でアプリオリスティック(先験主義的)な性格を持っている。このことを言語獲得の場合について特に見てみると、経験主義的アプローチは、まず、恣意的に選択された特定のデータ処理メカニズム(例えば、連想原理や分類学的手続など)が、言語獲得装置にとって唯一利用可能なものである、という規定条件をその研究の起点としている。ついで、そういった手続をデータに適用していくのであるが、その際、適用の結果が、独立の理由によって記述的に妥当であると示すことが出来るような文法に対応している、ということを示そうとはしないのである。経験主義に対する非独断的対案が、まず初めに行なうことは、以下の認識を持つことである。すなわち、言語獲得の研究において我々に与えられているのは提示される一次データと結果としての所産である文法に関する一定の情報であり、また、我々が直面している問題は、この入力-出力関係を媒介する装置の構造を決定することである、という認識である(そして同じことは、言語獲得をその特殊な場合として含む、より一般的な問題についても当てはまる)。経験主義であろうとなかろうと、この装置の内部構造について、あらかじめある特定の仮定を立てることにはいかなる根拠も存在しない。先入観なしにさらに先に進めば、我々は、当然、出力における一様性(形式的および実質的普遍性)の研究へと向かい、そして、この出力における一様性は、装置の構造に帰すべきものとしなければならないであろう(さもなければ——このことを示すことが出来ればであるが——入力における一様性に帰すべきものとなろう。この対案は、興味ある事例においては、真剣に取り上げるべきものとなることは稀である)。これが、結局のところ、合理主義的アプローチと言われてきたものであり、心的プロセスの本質に関する独断的前提条件が取り除かれた時、このアプローチに代わるべきどのような対案があり得るのか、理解に苦しむところである。

(34)　すなわち、88-89頁の条件(i)-(iv)を満たす理論のことである。以後、特に注釈を付けずに、議論の対象となる言語理論は、いかなるものでも、少なくともこれらの条件を満たそうとしているものであると仮定することにする。

(35)　過去数年の間に、非常に単純な文法理論の形式的諸特性に関してかなりの量の研究が行なわれてきた。強生成力に関する結果も多少は出ているが(特に、第2節で触れたもの)、それらの研究の大部分は弱生成力に限られている。強生成力の方が、明らかに遥かに興味深い概念なのであるが、研究を行なうのもやはりずっと困難なのである。こういった研究の概観については、Chomsky (1963), Chomsky and Schützenberger (1963)を参照のこと。

(36)　Postal (1962b, 1964a, 1964c)を参照のこと。文脈自由文法の理論と有限状態文法の理論のいずれも、数学的研究のためだけに発明された人工物ではない。いずれの理論も、形式的に充分に動機付けられており、また言語学とは別に独立した重要性を持っている。そして、いずれの理論も、事実、言語学者によって包括的な言語理論として提案された。実際のところ、Postal (1964a)が示しているように、最近何らかの形で注目された言語理論のほとんど全ては、それが明確なものである限り、文脈自由文法の枠組みに含まれるのである。後に見るように、文脈自由文法理論のある特殊な形式が、どうやら変換文法の一般理論の中で非常に重要な役割を果たしているようである。

(37) この可能性をア・プリオリに排除することは出来ないが、実際には、このようなことは決してあり得ないと思われる。特に、変換文法の理論が適切に定式化された場合、変換文法は、いかなるものであっても、その弱生成力が再帰集合(recursive sets)の枚挙に制限されるという形式的諸条件を満たさなければならないように思われる。基底規則に対する諸条件を参照のこと。『諸相』第三章の註1、さらに、第三章および第四章2・2節における、削除変換(deletion transformations)に課される諸条件についての議論も参照のこと。

訳者解説

はじめに

『統辞理論の諸相』の原著――原題 *Aspects of the Theory of Syntax* を直訳すれば『統辞法の理論の諸側面』とでもなるのだろうが、少しくどいので普通はこう訳す。略して『諸相』――が一九六五年にマサチューセッツ工科大学(ＭＩＴ)出版局から出版されると、極めて専門的な研究書であるにもかかわらず、たちまちのうちに生成文法理論におけるバイブルのような文献として非常に多くの読者を得たのは有名な話である。中でもその第一章「方法論序説」は、チョムスキーが創始し牽引してきた「生成文法の企て」をほぼ全面的にかつ明確に展開した真の古典として、現在に到るもこの分野の必読文献としての地位を保っている。本書はこの『諸相』第一章の翻訳である。以下、ごく簡単に著者ノーム・チョムスキーについて、『諸相』について、そして『諸相』第一章についての解説を加える。生成文法の基本的問題設定とその発展史については『生成文法の企て』(岩波現代文庫、二〇一一年)の「訳者による序説」で、現代生成文法誕生の背景とそこでチョムスキーが果たした役割については『統辞構造論』(岩波文庫、二〇一四年)所収の「解説」で、そしてチョムスキーの科学思想・政治思想に関しては『我々はどのような生き物なのか──ソフィア・レクチャーズ』(岩波書店、二〇一五年)に収録されている「ノーム・チョムスキーの思想について」でかなり詳しく論じたことがある。より詳細な議論に興味がある読者は、ぜひこれらの論考をご覧いただきたい。

一　ノーム・チョムスキーについて

その著作の被引用件数がプラトン、アリストテレス、マルクス、等と肩を並べ、存命中の著者の中ではもちろん最高の被引用件数を誇るチョムスキーは、一九二八年十二月七日にアメリカ合衆国ペンシルベニア州のフィラデルフィアで生まれた。両親はいわゆるユダヤ系の移民で、周囲に住んでいた親族も含めて、知的な環境の中で育ったようである。世界大恐慌のさなかに育ち、経済的には決して恵まれた生活ではなかったようであるが、文学、哲学、芸術、政治思想、数学、科学の話題が縦横に出るような知的環境の中で育つことにより、チョムスキーの中におそらく生来あった知的探究心と自由を求める気質が徐々に花開いていった。十二歳になる頃には一人で電車に乗ってニューヨークに行き、そこに住む親戚の家に泊まりながら、ニューヨークの本屋を歩き回って主に政治思想関係の本を渉猟していたそうである。ヘブライ語学者であった父親の影響で言語にも興味を持ち、十歳の頃、ヘブライ語の音韻現象を抽象的基底形式(表面に出てこない形式)と「順序付けられた規則による派生」という概念を用いてうまく説明できることに気がついたという逸話が残っている。両親の方針でデューイ主義に基づく非常に自由な雰囲気の学校で初等教育を受ける。

その後、公立高校を経由してペンシルベニア大学に入学するが、政治活動への興味から中退を考えるに到る。このときに訪ねたのが、子供のときから家族を通しての接触があったゼリッグ・ハリスであった。ハリスはアメリカ構造主義言語学を代表する先鋭的な研究者であり、当時、ペンシルベニア大学で言語学を教えていたが、その知的興味は狭い意味での言語学を遥かに超え、物理学、数学等の中核的自然科学を中心に哲学、心理学、社会心理学にまでおよぶ広大なものであった。同時に、ハリスは政治社会思想に関する造詣も深く、左派の政治運動に深くコミットしているアナキストでもあった。政治思想の面でも自分に非常に近く、また知的側面においては深い尊敬に値するものをふんだんに持っているハリスに若きチョムスキーは大きな影響を受ける。

ハリスに勧められるままに数学、論理学、哲学の勉強をすると共に、ハリスの専門である言語学を集中的に学んでいく。特筆に値するのは、ハリスが「言語学者はとにかく物理学を学ばねばならない。なぜなら物理学こそが真のサイエンスだからだ」との信念を持っており、学生にも物理学を学ぶことを強く勧めていたことである。ちなみに、ハリスの妻のブルーリア・カウフマンは数理物理学者であり、一九四八年にコロンビア大学で博士号を取ったあと、一九四〇年代末から一九五〇年代にかけてはプリンストン高等研究所に勤め、一九五〇～五五年の期間はアインシュタインの助手も務めている。ちょうどその時期にプリンストン高等研究所に滞在していた数学者、小平邦彦の「プリンストン便り」にカウフマンのことが出てくる。

研究所のミセス・カウフマンに彼女が考えている物理に使う数学の問題を出されましたが、仲々出来ません。この人の御主人は言語学者の由。ユダヤ人らしく、ヘブライ語をしゃべります。この人の頭のよいのには感心しました。

（小平邦彦『怠け数学者の記』岩波現代文庫、二〇〇〇年、296頁）

ここで小平がカウフマンの夫の言語学者として言及しているのが、もちろんハリスである。

チョムスキーは、ハリスにゲオルク・ヨースが書いた『理論物理学』（現在は第三版がドーヴァー社から出ている）を読むように指導されたことを覚えている。この本は分厚い専門的な著作であり、学部生に一人でこの本を読むように求めるというのは無茶な話であるが、ハリスを心から尊敬していて彼が読めというものは何でも読んでいたというチョムスキーは、この本も必死になって読んだそうである。チョムスキーの学問的背景として、（言語学はもちろんのこと）哲学、論理学、数学がよく言及されるが、学部生の頃にハリスの指導の下に学んだ物理学のことはあまり注目されていない。しかし、チョムスキーが記述や分類だけでは科学にはならないと強調し、常に「物事がなぜそうあるのか」という「（理論的）説明」を徹底的に追究する態度を一貫して保持し、そのための抽象化や理想化を当然のこととして仮定する背景には、この時期に学んだ――そしてその後も学び続けたに違いない――物理学の知識が大きな影響を与えていることは想像に難くない。

言語学についても、まだ言語学の入門コースさえ履修していない段階で、当時ハリスが執筆していた『構造言語学の方法』の校正読みを任せられるというような型破りの指導を受けながら、一九四九年にチョムスキーは『現代ヘブライ語の形態音素論』を学部卒業論文として執筆し、一九五一年にはこの論文を大きく改訂したものを同一のタイトルで修士論文として提出する。『現代ヘブライ語の形態音素論』は、ハリスから学んだ記述言語学の厳密なテクニックと「説明」(物事のなぜ)を追究するチョムスキーの知的欲求が既にはっきりと現れている論考である。ここでは、表面的な形式としては現れない抽象的な基底形式の概念や順序付けられた規則の概念が明確に定式化されており、さらにシステムの「単純性」の概念が規則の順序付けを焦点にして詳細にかつ精密に考察されている。文法的変換の概念はまだ提案されていないが(音韻現象が対象なので当然とも言える)、後年チョムスキーの研究を特徴づけるいくつかの重要概念は、萌芽的な形ではあるが既にはっきりと姿を現してきていると言ってもいいだろう。

この論文で修士号を取ったあと、ペンシルベニア大学で哲学を学んだネルソン・グッドマンの推挙を受けてハーバード大学のジュニアフェローになったチョムスキーは、妻のキャロルと共にマサチューセッツ州ケンブリッジに活動の場を移す。そこで生涯の盟友モーリス・ハレと出会い、ローマン・ヤコブソンとの邂逅があり、ハーバード大学やマサチューセッツ工科大学（MIT）に集う数々の優れた研究者と刺激を与え合いながら、ジュニアフェローの地位が与えてくれる自由な時間をフルに使って自らの言語理論を作り上げていった。

それまでの思索の全てを投入して書き上げたのが、一九五五年に一通りの完成をみた『言語理論の論理構造』（以下『論理構造』）である。この論考は数百ページにおよぶ浩瀚なものであるが、その一部を「変換分析」として提出し、チョムスキーはペンシルベニア大学から博士号を得ている。その後、当時流行していた有限状態マルコフ過程に基づく言語理論の原理的不備を指摘し、句構造文法と変換文法を明確に提出した「言語記述のための三つのモデル」を一九五六年に情報理論関係のワークショップで発表し、さらに生成文法を広く世に知らしめることになった『統辞構造論』を一九五七年に出版する。この頃には、ハレの助力を得てMITに就職していた。こうして、変換生成文法とチョムスキーの名は言語研究に革命的変化を巻き起こす新たな動きの源泉として、徐々に言語学および関連学界に拡がり始めたのである。

一九五〇年代後半から一九六〇年代の前半にかけて、チョムスキーの研究活動は猛烈な勢いを見せる。当時支配的だった行動主義心理学による言語観を徹底的に批判した「書評：B・F・スキナー『言語行動』」を一九五九年に発表して、エソロジー等に基づく自らのメンタリスティックな言語観を公表するのと並行して、形式言語理論・オートマトン理論の分野で画期的とも言えるいくつかの結果を提出する論文を発表する。さらに、一九四〇年代末から(ハレとは独立に)開始し、最終的に一九六八年に出版されたハレとの共著『英語の音声パターン』につながっていく生成音韻論の研究を継続すると同時に、デカルトからフンボルトに到る「デカルト的言語学」の水脈を掘り起こそうとする独特の思想史的研究にも着手している。統辞論の分野においても、『論理構造』などにおいて提案した初期理論を大胆に変革する研究を続けていた。これらの研究活動と共に、ハレと協働してＭＩＴに理論言語学の大学院プログラムを作る作業も進めていた。その結果、一九六〇年代初めには、世界中から様々な知的バックグラウンドを持った優秀な学生がチョムスキーとハレが居るＭＩＴの言語学プログラムに入学してくることになる。

こういったこと総てを背景にして、一九六五年に『諸相』が出版されたのである。それは「生成文法の企て」の全貌を世の中に提示する出来事であった。『諸相』以後の過去五十年間に生成文法がどのような展開を遂げたか、またチョムスキーが言語学を中心とする学問において、そしてベトナム反戦運動を初めとする政治社会運動においてどのような活動を繰り広げたかは、既に前述の解説で詳細に論じたし、また他にも多くの論説が書かれているのでここでは繰り返さない。ただ、以上述べた時期、つまり二つの世界大戦の戦間期、世界大恐慌の時代にフィラデルフィアに生まれたノーム・チョムスキーという青年が革命的な学説をひっさげて言語研究に大きな変革を成し遂げようとする時期を見てみると、飛び抜けた知的能力を持ち、また非常に強い個性を持つ若者を大きく包み込んで育てる度量を持つ知的共同体――具体的には、フィラデルフィア・プリンストン・ニューヨーク・ボストンを中心とする、二十世紀前半から中葉にかけてのユダヤ系移民コミュニティ――の役割の大きさに思いを致さざるを得ない。色々な要因が重層的に絡み合ってこの時期、この地域に知性の集中が生まれ、結果として「天才を生む土壌」が醸成され、そこにノーム・チョムスキーという個体が投げ込まれて、ひとりの革命児が生まれたということなのだと思う。（そして、衝撃の度合いは様々であろうが、同様のことが他の知的領域においても起こっただろうと推測するのは自然なことである。)

二　『諸相』について

変換生成文法が数理論理学の道具立てを用いて極めて厳密に展開された最初の著作は一九五五年の『論理構造』であり、その要旨を主な内容として含む、一九五七年出版の『統辞構造論』によってこの理論は全世界に知られることになった。ではなぜ、『論理構造』より十年後に出版された『諸相』が生成文法のバイブルと呼ばれるようになったのだろうか。もちろんひとつには、『論理構造』が一九七〇年代中葉まで未出版のままで、言語学者に広く読まれる状態になっていなかったこともある。だが、それだけが理由ではない。初期の著作では明確にされていなかった「生成文法の企て」の真の姿が、『諸相』において初めてはっきりとまとまった形で示されたことがこの著作が古典と呼ばれる最大の理由であろう。

『諸相』は極めて専門的な研究書である。全体で四章構成。第一章は全体の枠組みの議論で専門性はさほど高くないが、第二章以降は統辞理論の専門的議論が続く。取り上げられているトピックは極めて多岐にわたり、英語を中心にして具体的な言語データも豊富に挙げられている。第二章以降で論じられている具体的な論点に入ることは本書の趣旨からも逸れるのでここでは出来ないが、非常に大まかにいうと、『諸相』でチョムスキーが試みているのは、初期理論が持ついくつかの技術的問題を克服することによって、さらに見通しがよく単純な文法モデルを提出することである。そのために、句構造文法から文脈指定を外し、文脈自由（すなわち「単純」）句構造文法を基底部の規則として仮定する。このことによって、句構造文法が人間言語において果たす役割が明確にされたといえる。つまり、言語が必要とする階層構造（木構造）を無限に——再帰的に——構築することが基底部の規則の役割なのである。そして、その階層構造の終端部に語彙が挿入される。正しく語彙挿入がされるためには、辞書の内部構造を明確にしなくてはならないし、前後の環境を見ながら語彙挿入を行なう規則も設定しなければならない（選択制限と範疇の素性理論の開発）。この種の議論が『諸相』の第二、三章で（さらに第四章でも）詳細になされている。そして、句構造文法と語彙挿入によって構築された構造（深層構造）を表面的な構造（表層構造）に写像する規則のシステムとして変換部門が定義される。

こうして整えられたモデルは、文(言語表現)の「意味(解釈)」が辞書と句構造文法によって作られた深層構造によって決定され、その深層構造に一連の変換が適用されることによって作られる表層構造が文の「音声(解釈)」を決定するという構図を提出する。この構図は、「言語とは音と意味を構造を介してつなぐシステムである」という直観的な——そして基本的に正しいと思われる——理解と無理なく対応する。この場合、「構造」を定義しているのは、句構造文法と変換部門からなる統辞法(統辞部門)である。そしてこの統辞法に計算の材料を提供するのが辞書ということになる。「意味」と「音」という言語外の要素を統辞法が抽象的構造を無限に作り出すことによって結びつけているという基本構図は、「統辞法」の中味が非常に単純化されて整理されたことを除けば、現在のモデルとそれほど変わるわけではない。『諸相』出版以降の半世紀の間に生成文法は様々な発展・深化を遂げたが、それらの発展の出発点というか基準点(スタンダード)を提供しているという意味で、『諸相』における文法モデルを「標準理論」(standard theory)と呼ぶことは決して的外れとは言えないだろう。

この標準理論について、ただちに思いつくのは以下の三点である。まず、最初に句構造文法が適用され、その出力の終端節点に語彙が挿入されるというのは「辞書が統辞法への入力を提供する」という直観と異なるのではないかということである。この点は、句構造文法を基底部のメカニズムとして用いたことによる問題であって、その後の理論展開において句構造文法がモデルから排除され併合演算に一本化されることによって解決されている。もうひとつの点は、標準理論においては「意味」と「音」の間にある種の非対称性が存在しているのではないかということである。そこでは、句構造文法(と辞書)によってまず「意味」を決定するための深層構造が生成され、そのあとに文法的変換が適用されて「音」を決定する表層構造が得られる。抽象的モデルであるから実時間的な前後関係はないが、論理的「前後」関係はやはり存在する。この点は、その後の発展によって逆に先鋭化され、現行のモデルにおいては言語表現の派生は辞書から入力を受け取ったあと「意味」に向かっていわば一直線に(最適に)行なわれ、その過程で「音」への移送が繰り返し起こることによって音声化が行なわれるとされる。これは、言語の純粋な形は主に脳内で実現され、感覚運動系を通した音声化——つまり外在化——は副次的現象であるとする仮説の反映である。この仮説の萌芽は、今見たように『諸相』にも既にあるのだが、今日のように明確な形を取った徹底的なものではなかった。最後に、「意味」といってもいわゆる「意味論」に『諸相』が本格的に係わっているわけではないということに留意する必要がある。統辞法と意味の問題は、初期理論の頃からの懸案であったが、ジェロルド・カッツ、ポール・ポウスタル、ジェリー・フォーダーらの研究を基にして、統辞法が意味解釈に寄与する様式に関して一九六〇年代にはかなり具体的な提案が出来るようになってきた(「合成性」など)。それらの洞察を組み入れたのが標準理論の意味部門であり、これは現在の「形式意味論」の源流になった領域である。しかしこれはあくまでも統辞法の中で意味解釈に係わる部門ということであって、「意味論」そのものではない。言語形式と外界との関わりを扱う本来の「意味論」に関しては、チョムスキーは後期ヴィトゲンシュタインの「意味の使用説」に近い立場を初期理論の頃から現在まで保持しているのだと思う。

標準理論は初期理論に含まれていた数々の技術的問題点を解決しようとする努力の成果であるが、そこでの努力は、全体として文法の持つ過剰な生成力を抑え込もうとする方向でなされた。『論理構造』などで提出された初期理論は、話者が持っている言語能力の精確な記述——『諸相』第一章で導入された概念を使えば「記述的妥当性」——の達成にその力点が置かれていたため、極めて強力な文法装置を備えていた。特に、初期理論における文法的変換は要素の代入、付加、置換、削除などの様々な操作を行なうことが出来ると共に、文をさらに大きな文構造に埋め込むことにより文法の再帰的特性を担う主要な装置であったし、文が持つ「意味」を大きく変えることさえ可能だったのである。その結果、強力な変換を含む文法を許す言語理論は、人間言語の文法ではあり得ないような文法まで許容してしまうという過剰生成の問題が露呈した。

そこで、『諸相』では、文の埋め込みを行なう一般変換を廃止したり(これに伴い、変換の巡回的適用の概念を導入した)、置換を基本変換から外したり、削除変換に復元可能性という厳しい条件を課したり、変換の構造指標に対してブール条件といわれる条件を規定したりして、全体として文法的変換が文の「意味」を変えることを許容しない(カッツ-ポウスタルの仮説)、非常に制限的な変換のシステムが提示された。このシステムの技術的細部はここではさほど重要ではないが、こういう方向性――すなわち、文法を単純化し、より制限されたものにしていくという方向性――の背後にある理論的動機を理解することは重要である。

それは、一次言語データ(と『諸相』の第一章で呼ばれているもの――子供に与えられる言語獲得の基になるデータ)が与えられたとき、それに適合する複数の文法の中から「正しい文法」を子供は(あるいは言語学者は)どうやって選択するのか、という基本問題である。この問題を『諸相』第一章では「説明的妥当性」と呼んでいるが、これは生成文法が提案された最初期から、つまり『論理構造』や『統辞構造論』の頃から「生成文法の企て」の基本問題として意識されていた。この問題に対して当時の生成文法は、人間言語の文法として可能な文法のクラスを規定するフォーマットを普遍文法(当時は一般言語理論と呼ばれることが多かった)が提供し、そのフォーマットを満たし、かつ一次言語データと適合する少数の「正しい文法候補」の中から最適な文法を評価手続(これも普遍文法が提供する)が選び出す、というシナリオを描いていた。「文法のフォーマット」という概念と「評価手続」という概念の精密化はチョムスキーの修士論文(前述の『現代ヘブライ語の形態音素論』)から実質的に構想されていて、生成文法の最初期からの懸案であったことが判る。そしてこのシナリオが意味を持つためには、普遍文法によって「人間言語の文法として可能な文法」という概念が充分に狭く(制限的に)規定されていなければならないのである。この点で、初期理論が提案する文法像は、特に文法的変換が強力過ぎるという面において、極めて不充分なものであった。文法(的変換)があまりに強力すぎて、人間言語としてはあり得ないような操作まで許してしまっていたのである。

諸言語の話者が持つ非常に込み入っている(ように見える)言語能力・言語知識を説明できる(記述的妥当性)と同時に、今述べた言語獲得に関する要件を満たすような制限的な文法概念を構築し、評価手続を定式化する。これが生成文法発祥以来の大きな目標である。初期の頃から断片的に述べられていたこの目標が整理されて初めて明確に論じられたのが『諸相』第一章であり、その目標達成のための具体的で技術的な提案が詳細になされているのが『諸相』の第二章以降であると言ってもよいだろう。

文法のフォーマットの規定と評価手続による文法選択(言語獲得)問題解決のシナリオは、『諸相』第一章でも簡単に指摘されているように実行可能性の問題をはらみ、その後紆余曲折を辿るが、一九八〇年前後に原理・パラメータの枠組みが提案されるにおよんで実質的に揚棄されることになる。しかしながら、『諸相』で論じられたこのシナリオが全面的に誤っているということは考えがたく、言語獲得の限られた側面(いわゆる周辺的プロセスの獲得、等)では変わらず有効であると思われるし、また、評価手続との関連で詳細に研究されてきた単純性の概念は、その解釈を微妙に変えながら一九九〇年代以降の極小主義の下で新たな形で蘇ってきているのである(以下の議論も参照)。

三　『諸相』第一章について

専門的な議論を展開している他の章と異なり、『諸相』の第一章は「生成文法の企て」の全体的枠組みをまとまりよく論じた章であり、技術的な議論が少ないために現在でもほぼそのまま成り立つ論点が多い。本書に収録された五十周年記念版への序文でも、また岩波文庫版への序文でもチョムスキーが繰り返し強調しているように、「第一章で定式化された方法論的考察は現在でも基本的に妥当」なのである。

前述のように、一九五〇年代後半から一九六〇年代前半にかけてチョムスキーは音韻論や統辞論研究のみならず、形式言語理論・オートマトン理論、言語に関する心理学的考察、デカルト的言語学に連なる思想史研究、等々に関して膨大な研究を行ない、各々の分野において大部の著作を出版している。『諸相』第一章を読めばそれらの研究のいわば「さわり」の部分のみを効率よく知ることが出来るのだが、そこで簡潔に述べられている議論の背後には、本格的な研究の蓄積が控えていることを忘れてはならない。基になった著書・論文は専門的なものが多く、興味を持った読者に直接目を通すようにお薦めすることはためらわれるのだが、通読しないまでも、そういった研究が背後に控えているということだけは意識しておいたほうが第一章での議論を理解する上で有効なのではないかと思う。

以下、ごく簡単に第一章の各節の概略を述べておく。全部で九つの節から成っていて、三十七個の詳細な註が付いている。言語学者の間では『諸相』の註は論文を書くためのアイデアの宝庫であるとよく言われていたが、第一章に関してもそれはある程度当たっている。考えさせられる註が多い。もちろん、註だけでなく本文における議論にも現在につながる数々の論点が含まれている。

1　言語能力の理論としての生成文法

最初の節では、生成文法の対象が論じられている。生成文法の対象は、具体的状況における実際の言語使用あるいは言語行動――言語運用と呼ばれる――ではなく、そのような言語使用の背後にあり、それを可能にしている脳内のメカニズム、すなわち当該の言語を第一言語(母語)としている話者が持つ言語知識――言語能力と呼ばれる――である。言語能力は、具体的状況における実際の言語使用――言語運用――から記憶の限界であるとか注意や関心の移り変わりであるとかの非本質的要因を捨象した理想化の下で得られる概念である。この言語能力の根幹をなす特性として、チョムスキーはデカルト派の哲学者やフンボルトなどの著作から引用しながら、その「創造的側面」を強調する。そして創造的側面を精密に捉えるためには再帰的プロセスを明示的に表現する手段が必要であり、それを体現したモデルとして生成文法を提示するのである。詳細については『言語理論の現在の諸論点』(1964)や『デカルト派言語学』(1966)を参照されたい。

ちなみに、言語の科学的研究における抽象化や理想化の役割およびその正当性について、数々の誤解・曲解がなされてきたと「五十周年記念版への序文」でもチョムスキーは大いなる苛立ちを込めて述べているが、これらの誤解の原因は、科学における抽象化や理想化に関する無理解もむろんあるのだろうが、それよりももっと根本的な原因として、抽象化や理想化を行なって抽出しなければならないような豊富な内在的特性を言語が有しているという信念を多くの人たちが共有していないことがあるのではないだろうか。二〇〇〇年代に入っても、著名な進化生物学者が「言語を身につけるというのは箸の使い方を覚えるのと同じだ」と言ったという話を聞いたことがあるが(アメリカでは「箸の使い方」ではなく、「自転車の乗り方」という比喩がよく用いられる)、言語そのものの中味を吟味した経験がない人にとって、言語とは相変わらず「言語行動」のことであり、その背後に精緻なメカニズムが存在することは想像の埒外にあるのだろう。二十世紀後半から何度も立ち現れる、統計的学習理論や人工知能（ＡＩ）による自然言語処理に対する過度の期待の背景にも、このような事情があると思われる。より立ち入った議論については、『生成文法の企て』における「訳者による序説」等を参照されたい。

2　言語運用の理論をめざして

第2節では、今述べた「言語能力の理論としての生成文法」を基礎にした言語運用（言語使用）研究について論じている。一九五〇年代後半から、チョムスキーは当時ハーバード大学に在籍していた認知心理学者（で数理的研究にも強みを持つ）ジョージ・ミラーと共同研究を行なっているが、この節ではミラーとの共同研究の一部を紹介している（「言語使用者の有限モデル」（1963）などを参照）。言語能力の研究としての生成文法が明らかにしたいくつかの構造的特性を取り上げ、それらの構造が実際に「処理」されるときにどのような効果を持つかを明らかにしたのである。人間言語に遍在する入れ子構造は、繰り返されると処理を困難にし、入れ子構造に埋め込まれている構成素の種類が同一の場合（自己埋め込み構造）では処理がいっそう困難になること、それに対して多項枝分かれ構造は処理にほとんど負荷をかけないことなどが指摘される。構造生成そのものに係わる生成文法と、記憶容量や知覚装置が係わる構造の処理とが峻別され、言語能力の理論としての生成文法を組み込んだ言語運用モデルの研究が実り豊かな結果を生むことが示されている。

それでは、例えば入れ子構造が処理にそれほど負荷をかけるのならば、なぜ人間言語は入れ子構造を到るところで作り出すのだろうか。日本語の文の埋め込みなどは、入れ子構造であるのみならず（文の内に文を埋め込むのであるから）自己埋め込み構造であり、従ってその処理には大きな負荷がかかるが、それならばなぜ日本語の統辞法はそのような処理上不効率きわまりない構造の生成をその中核部分において許し続けているのだろうか。処理の容易さやコミュニケーション行為における効率性などの概念を用いて言語の構造特性を説明しようとする試みは数多いが、この節で紹介されている結果は、そのような試みに対する強力な反論になっているのである。また、入れ子構造が自己埋め込み構造（すなわち、構成素の種類が同一であるとき）になるとさらに処理への負荷が増すと論じられているが、もしそうならば、現在の理論を仮定すると、処理が行なわれる場所は中核的な統辞法ではないということが必然的に導き出される。なぜなら、構成素の同一性(ラベル付け)は構造構築演算そのものによっては定義されないからである。このように、この節で紹介されているミラーとチョムスキーの共同研究の内容は、現在の理論に対しても興味深い様々な含意を持つのである。

3　生成文法の構成

第3節では、いわゆる標準理論と言われるモデルの概略がごく簡単に示されている。ある言語の知識(言語能力)は、無限に多くの文を理解する潜在的能力を伴うものであるから、その言語の生成文法は無限に多くの構造を生成する機能(再帰性)を持たなければならない。生成文法は統辞部門、音韻部門、意味部門の三つの主要な部門を持つが、このうち統辞部門は抽象的な構造体(統辞体)がなす無限集合を指定するものであり、各々の構造体はある特定の文のある一つの解釈に関連する情報を全て含んでいる。統辞部門のみが真に「生成的」である。他の二つの部門(音韻部門と意味部門)は、統辞部門によって生成された構造を音声解釈や意味解釈に関係付けるという意味で「解釈的」である。各々の文に対して、統辞部門が、その文の意味解釈を決定する深層構造と、その文の音声解釈を決定する表層構造を指定する。深層構造は意味部門によって、表層構造は音韻部門によって解釈される。深層構造と表層構造は一般に異なった構造であり、表層構造は、より基本的な構造体である深層構造に文法的変換と呼ばれる形式的演算を繰り返し適用することによって得られる。非常に大まかに言って、これがいわゆる標準理論と言われているモデルの文法構成である。

4　文法の正当化

記述的妥当性と説明的妥当性という重要な区別を導入しているのが、この節である。ここでの議論は、『統辞構造論』や『言語理論の現在の諸論点』において様々な形で詳細に論じられていたことをより整理して簡潔に述べたものである。

まず、文法の対象が母語話者‐聴者の潜在的言語能力・言語知識であることが決して文法研究の「科学性」を毀損することにはならないことが確認される。そして、具体的な例を英語から取りながら、話者の潜在的言語知識がいかに深い内容を持つものであるか、また、往々にして無意識のうちに隠れてしまっている言語知識の内容を引き出すためには(プラトンが『メノン』で示したように)かなり巧妙な方法を用いなくてはならないことが示される。

文法がこの母語話者の内在的言語能力を正しく記述しているかぎりにおいて、その文法は記述的妥当性を満たすと言われる。そして、文法は記述的妥当性を満たすとき、「外的」根拠――言語事実との対応という根拠――において正当化されるのである。

これに加えて、もし普遍文法の理論が、（子供に与えられた）一次言語データに基づいて、記述的に妥当な文法を選択することが出来れば、その理論は説明的妥当性を満たすと言う。言い換えれば、ある文法と結びついている言語理論（普遍文法）が、一次言語データと適合する全ての文法の中から他ならぬこの文法を選択するかぎりにおいて、当該の文法は「内的」根拠に基づいて正当化されるのである。このような内的正当化――つまり説明的妥当性――の問題は、言語獲得の理論を構築するという課題と直接的に結びついている。

5　形式的普遍性と実質的普遍性

説明的妥当性を求める普遍文法の理論は、言語普遍性に係わる言明をその主要な部分として必然的に含むが、その言明は、一方では諸言語（の文法）の多様性によって反証されないようなものでなくてはならず、またもう一方では言語獲得の事実を説明するのに充分なほど内容豊かで明示的なものでなければならない。生成文法の枠組みでいうと、言語普遍性の研究とは、どの自然言語の生成文法も全て共通して持っている性質の研究ということになる。

言語普遍性には文法のボキャブラリーに係わる「実質的普遍性」と、文法が満たすべき形式的条件を定めた「形式的普遍性」とがある。実質的普遍性の例としては、ヤコブソンの弁別素性理論がある。この理論は、ある特定の種類の項目(少数の音声的弁別素性)がどの個別言語からも独立して普遍的に用意されていて、各言語はこの用意されたリストの中から取り出した要素を用いなければならないとするものである。この類の実質的普遍性の探究は、一般言語理論に係わる伝統的関心事であったと言える。

これに対して形式的普遍性は、例えば、「文法の統辞部門は変換規則という特定の形式を持つ規則を含まなければならず、またこの規則がある特定の様式をもって適用されることにより意味解釈を決定する深層構造を音声解釈に係わる表層構造へ写像する」という提案などがそうであるように、どの言語の生成文法も満たさなければならない抽象的な一般条件を定めたものであり、この類の普遍性は現代生成文法の理論が提案されるまで文法研究の射程にはほとんど入っていなかったと言ってよい。

6　記述理論および説明理論についての補説

この節では言語獲得の（理想化された瞬時）モデルが持つ意味合いについて、より精密な議論がなされている。子供に与えられた一次言語データと獲得された結果の言語能力の間に存在する大きなギャップ――言語能力の内容は一次言語データに含まれる情報を遥かに超えたものである――が指摘されると共に（いわゆる「刺激の欠乏（貧困）」の議論）、説明的妥当性を目指す言語理論が満たすべき諸条件が挙げられている。その中で最も重要な要件は、（1）「生成文法」（人間言語にとって可能な文法のクラス）を特徴づける充分に豊かで詳細な、そして高度に構造化されたフォーマット――言語の形式――に関する理論と、（2）一次言語データと適合する（そして「生成文法」の定義も満たす）複数の文法候補の中から正しい文法を選択する「評価手続」である。

この議論との関連で、文法の一般理論に帰することが可能な記述的言明を個別文法から取り除くことにより、その個別文法を単純化することの意義が論じられる。これは当時チョムスキーが『言語理論の現在の諸論点』などで断片的に提案した（そして一九七〇年代に入って集中的に発展する)「規則に対する一般条件」の理論の重要性を示唆したものである。可能な文法のクラスが充分狭く制限されているために、一次言語データと適合する記述的に妥当な文法が一つしか許容されず、その結果、評価手続が不要になるという「論理的可能性」も指摘されており、後年の原理・パラメータの枠組みにおいてこの論理的可能性がある意味実現したことを考えると興味深い。

7　評価手続について

第6節で触れた評価手続についての誤解を正すために、本節ではこの概念について突っ込んだ議論がなされている。まず、評価手続(特に、いわゆる「単純性尺度」)は、異なった(文法)理論を比較し選択を可能にするものではないということが強調される。そうではなくて、生成文法における(単純性尺度を含む)評価手続というのは、人間言語に関する経験的主張であり、例えば、何が人間言語において「有意な一般化」なのか、どのようなものが「自然類」をなすのか、等々の経験的帰結を伴う概念なのである。この論点が具体的な例を伴って論じられている(音韻論に関する詳細については、ハレとの共著『英語の音声パターン』(1968)やハレの一連の著作を参照)。

ただし、チョムスキーもここで「対立する言語理論同士(あるいは、他の分野において相互に対立する理論同士)を、単純性やエレガンスに関して比較することが出来るということには、何らかの意味があるというのも事実である」と述べているように、説明的妥当性に係わる文脈における単純性の尺度と一般科学認識論での単純性概念の間に深い関係がある点は注目に値する。この点は、後に極小主義が前面に出てくるに及んで再度大きな問題になる。

また、この節の最後で、再度、文法に課される形式的条件を厳しくすることの重要性が強調されている。それによって記述的に妥当な個別文法から様々な言明や一般化を抽出し、それらを一般理論の帰結として導き出すことによって普遍文法の内容を豊かにして可能な文法の枠組みをより狭く制限するのである。前の節で述べたように、この方向での研究は一九七〇年代になって大きく発展することになる。そしてその結果、一九八〇年頃には原理・パラメータの枠組みが成立して、説明的妥当性(言語獲得の説明)に向けて大きな前進がなされる。

8　言語理論と言語学習

第8節では、言語の研究を心の研究と緊密に結びつけようとするチョムスキーの主張が簡潔にまとめられている。「書評：B・F・スキナー『言語行動』」(1959)、『言語理論の現在の諸論点』(1964)、『デカルト派言語学』(1966)などの著作で詳細に展開された議論を凝縮した形でまとめあげたものである。『諸相』第一章における多くの議論がそうであるが、ここでの議論は特に、現在「生物言語学的プログラム」と呼ばれているものに直線的につながっていく方向性を持つものであるといえる。

第一章におけるこれまでの議論を前提にすると、言語理論の研究者は、一次言語データを入力とし、文法を出力とする入力-出力関係を媒介することが出来るような言語獲得装置の内在的性質を決定するという問題に取り組んでいることになる。そうだとすると、この問題は、知識の獲得に関する伝統的な枠組みの中における、ある特定の知識(言語知識)に関する事例として捉えることが出来る。こう述べたあと、チョムスキーは、知識の獲得に関する二つの異なったアプローチとして経験主義と合理主義を論じ、言語獲得に関する理論的・実証的研究は、伝統的な合理主義思想で示唆されているような、獲得される知識の形式を決定する生得観念や生得的原理を支持すると結論づける。なぜなら、言語構造の一般的特徴は（と言って、チョムスキーは変換規則の構造依存性などの特性を挙げる）、人間が持つ経験を反映しているというよりも、むしろ人間がその生物学的形質として与えられている知識獲得能力（言語獲得能力）が示す一般的特性——伝統的な意味における生得観念や生得的原理——を反映しているように思われるからである。従って、この観点から言語を研究することは、記述的に妥当な文法を探究すること、さらにそれを超えて説明的妥当性を満たすような一般言語理論（普遍文法）を定式化し正当化することを通して、人間の心の本性を理解することに対して重要な貢献を行なう可能性をはらんでいる。以上のような論旨をデカルトやデカルト派の哲学者たち、ライプニッツ、フンボルト、さらにはエソロジーや第一章執筆当時の生物学的研究なども引きながら、ヒューム、クワイン、スキナーなどの考え方と対比させて展開している。

この節には、人間の言語能力を規定している物理法則の役割（現在の理論で「第三要因」と呼ばれるもの）をいち早く示唆した部分としてチョムスキー自身がしばしば引用する（五十周年記念版への序文でも引用している）一文「人間の複雑な偉業を、何百万年にわたる進化に帰したり、あるいは物理法則にさらに一層深く基礎付けられているかもしれない神経の組織化に関する諸原理に帰したりするのではなく、何ヵ月（あるいはたかだか何年)かの経験に全てを帰するような立場を、今日真剣に主張する理由は、明らかに全く存在しない」も含まれている。

9　生成力とその言語学的意義

チョムスキーは一九五〇年代後半から一九六〇年代の前半にかけて形式言語理論とオートマトン理論に関連する重要な研究を行ない、ある意味では文法の数学的(代数的)研究の基礎を築く仕事を成し遂げたと言ってもよい。事実、この分野での彼の研究成果は今や情報科学や計算機科学の基礎教育の内容の一部にさえなっているし、生成文法の研究計画に懐疑的な目を向ける言語学者も、チョムスキーがこの分野で行なった研究に関しては疑問を差し挟むことはほとんどない。しかし、チョムスキー自身の評価はそれとは全く異なっており、その意見を簡潔に表明したのが『諸相』第一章の最後に置かれた本節である。

この解説でも何度も触れたように、人間の言語能力の本質は、無限の言語表現に対して抽象的構造を付与して、その構造を介して意味と音声を結びつけることである。ここでは、要素を左右に連結した記号列としての言語表現は周辺的な役割しか果たさない。

多少専門的な言い方をすれば、人間言語に関する理論にとって、記号列としての「文」の集合を生成する機能（弱生成力）は、構造記述の集合を生成する機能（強生成力）に比べれば極めて周辺的な関心事でしかないのである。

ところが、チョムスキーがそれによって有名になった結果（まとめて、形式文法とオートマトンに関する「チョムスキー階層」と呼ばれることがある）は、主に弱生成力に係わる結果である。それでは記述的妥当性の研究にさえならない、とチョムスキーは主張する。記述的妥当性に関する研究は強生成力に係わるものでなければならない。しかも、強生成力という点で経験的に妥当だと思われる言語理論が必ずしも言語学的に興味深いとは限らない。なぜならば、言語理論の目標は説明的妥当性であり、この問題は強生成力に関するどのような考察をも超えたところにあるかもしれないからである。つまり、真に経験的に（言語学的に）意義がある数学的研究は、強生成力において妥当な（すなわち記述的に妥当な）文法の中で「獲得可能」な文法とはどういうものかという問いに答えるものでなければならない。ところが実際の数学的研究は、強生成力どころか弱生成力（の言語・文法間階層）に関するものに限られている。これでは——数学的な興味や研究のしやすさは別にして——言語学的意義は認められない。

これがチョムスキーの一貫した意見である。「文法の形式的諸特性」(1963)などの専門的論文においても、彼は繰り返しこの考えを述べている。この問題は、現在の理論(連結ではなく集合形成を基礎とする——従って記号列を生成しない——併合システム)において、より先鋭的な形で生じている。

おわりに

言語に関する考察の歴史は二千五百年におよぶと言われているが、近代科学が勃興した十七〜十八世紀以来、言語研究に対する「科学的アプローチ」(ここでは仮に科学主義と呼ぼう)と、人間の心の内在的メカニズムとして言語を捉える考え(心理主義、メンタリズムなどと呼ばれてきたが、ここでは内在主義と呼ぶ)とはお互いに相容れないものと考えられてきた。科学主義的色彩が非常に強かったアメリカ構造主義言語学、例えばハリス流の言語学において内在主義が徹底的に退けられたのもこのせいであるし、サピアの研究がその洞察と直観的分析力によって尊敬を集めながらも大きな影響力を持つに到らなかった理由も、彼の研究が持つメンタリスティックな傾向にあったのだろう。この二つの流れが、お互いに相反するわけではなく、近代科学に対する深い理解を基礎にすれば見事に調和するということ、むしろ、言語に対する近代科学的アプローチとして意義を持つのは内在主義的なアプローチに他ならないことを長い言語研究の歴史上初めて明確に主張し、実行してみせたのがチョムスキーであった。科学主義と内在主義の対立を止揚したこと——これがおそらく「チョムスキー革命」と言われる出来事の本質であり、この革命によって、言語の科学的研究は人間の心の本性とも言うべきものの科学的研究と根本的に結びつけられたのである。

一九五〇年代にチョムスキーが初めて生成文法を世に出したときは、その理論を数理論理学の枠組みを用いて厳密に提示し(科学主義の一側面)、記述的妥当性を満たすために充分詳細な部分に到るまで文法を書き出さなければならなかった。そのために——彼自身は当初から充分意識していたようであるが——チョムスキーの研究計画が持つ内在主義的側面は表にはあまり出てこなかった。その後の数年間に全体的な考察を終えて初めてまとまった形で「内在主義的・科学主義的」言語研究の全貌を提示したのが『諸相』第一章である。その意味で、『統辞構造論』が「生成文法の企て」の原点を示す著作ならば、『諸相』は――特にその第一章は――「生成文法の企て」の全面的展開を宣言してその後の全ての研究の出発点となった古典と言えるのである。

訳者あとがき

本書は、Noam Chomsky (1965) *Aspects of the Theory of Syntax*, MIT Press の第一章 Methodological Preliminaries のみを取り出し、それに同書の序文(Preface)、二〇一五年に出版された『諸相』刊行五十周年記念版へのチョムスキーの序文(Preface to the 50th Anniversary Edition)、そしてこの岩波文庫版にチョムスキーが寄せた序文(Preface to the Iwanami Bunko Edition)を併録して一冊の訳書としたものである。第一章の訳文は、福井直樹 編訳『チョムスキー 言語基礎論集』(岩波書店、二〇一二年)のIIとして収録されている「統辞理論の諸相　第1章 方法論序説」を基にして、文庫版であること、縦組みであること、等々を考慮して相当量の改訂を加えて本書に再録した。原著への二つの序文と岩波文庫版への序文は新たに訳出した。

原著の学問的位置付け、そしてその第一章のみを訳出して岩波文庫として出版する意義などについては「訳者解説」をご覧いただきたい。二〇一四年に出版された『統辞構造論』に続き本書が出版されることにより、生成文法の真の古典と言われるいくつかの文献のうちの中心的なものが二冊、岩波文庫に入ることになる。この二冊を通して若い世代が――あるいは他分野の研究者で真剣な興味を持つ人たちが――生成文法への理解を深めてくれれば、訳者としてそれにまさる喜びはない。『統辞構造論』に続き今回の企画も、最初から最後まで岩波書店自然科学書編集部の濱門麻美子さんにお世話になった。ここに記して深謝したい。

二〇一七年一月

訳　者

読書子に寄す

——岩波文庫発刊に際して——

岩波茂雄

真理は万人によって求められることを自ら欲し、芸術は万人によって愛されることを自ら望む。かつては民を愚昧ならしめるために学芸が最も狭き堂宇に閉鎖されたことがあった。今や知識と美とを特権階級の独占より奪い返すことはつねに進取的なる民衆の切実なる要求である。岩波文庫はこの要求に応じそれに励まされて生まれた。それは生命ある不朽の書を少数者の書斎と研究室とより解放して街頭にくまなく立たしめ民衆に伍せしめるであろう。近時大量生産予約出版の流行を見る。その広告宣伝の狂態はしばらくおくも、後代にのこすと誇称する全集がその編集に万全の用意をなしたるか。千古の典籍の翻訳企図に敬虔の態度を欠かざりしか。さらに分売を許さず読者を繋縛して数十冊を強うるがごとき、はたしてその揚言する学芸解放のゆえんなりや。吾人は天下の名士の声に和してこれを推挙するに躊躇するものである。このときにあたって、岩波書店は自己の責務のいよいよ重大なるを思い、従来の方針の徹底を期するため、すでに十数年以前より志して来た計画を慎重審議この際断然実行することにした。吾人は範をかのレクラム文庫にとり、古今東西にわたって文芸・哲学・社会科学・自然科学等種類のいかんを問わず、いやしくも万人の必読すべき真に古典的価値ある書をきわめて簡易なる形式において逐次刊行し、あらゆる人間に須要なる生活向上の資料、生活批判の原理を提供せんと欲する。この文庫は予約出版の方法を排したるがゆえに、読者は自己の欲する時に自己の欲する書物を各個に自由に選択することができる。携帯に便にして価格の低きを最主とするがゆえに、外観を顧みざるも内容に至っては厳選最も力を尽くし、従来の岩波出版物の特色をますます発揮せしめようとする。この計画たるや世間の一時の投機的なるものと異なり、永遠の事業として吾人は微力を傾倒し、あらゆる犠牲を忍んで今後永久に継続発展せしめ、もって文庫の使命を遺憾なく果たさしめることを期する。芸術を愛し知識を求むる士の自ら進んでこの挙に参加し、希望と忠言とを寄せられることは吾人の熱望するところである。その性質上経済的には最も困難多きこの事業にあえて当たらんとする吾人の志を諒として、その達成のため世の読書子とのうるわしき共同を期待する。

昭和二年七月

統辞理論《とうじりろん》の諸相《しょそう》 方法論序説《ほうほうろんじょせつ》
チョムスキー著

2017年2月16日 第1刷発行
2021年9月6日 第2刷発行

訳 者 福井直樹《ふくいなおき》 辻子美保子《ずしみほこ》

発行者 坂本政謙

発行所 株式会社 岩波書店
〒101-8002 東京都千代田区一ツ橋 2-5-5
案内 03-5210-4000 営業部 03-5210-4111
文庫編集部 03-5210-4051
https://www.iwanami.co.jp/

印刷 製本・法令印刷 カバー・精興社

ISBN 978-4-00-336952-4 Printed in Japan

事項索引

サ　行

タ　行

ナ　行

ハ　行

マ 行

ヤ 行

ラ 行

人名索引

ア 行

アインシュタイン Albert Einstein 184
アスリン R. N. Aslin 20-22
アリストテレス Aristotle 167, 182
イングヴェ V. Yngve 157-160
ヴィトゲンシュタイン L. Wittgenstein 128, 161, 194
ウーレンベック E. M. Uhlenbeck 152, 153
エルマン J. Elman 21, 22, 28

カ 行

カウフマン Bruria Kaufman 184
カッツ Jerrold J. Katz 32, 194
ガリレオ Galileo Galilei 7, 8
グッドマン Nelson Goodman 186
クワイン W. V. O. Quine 128, 171, 173, 211
小平邦彦 Kunihiko Kodaira 184, 185

サ 行

サピア E. Sapir 151, 214
サフラン J. R. Saffran 20-22
スキナー B. F. Skinner 128, 171, 173, 188, 210, 211
ソシュール F. de Saussure 37, 44, 119

タ 行

チョムスキー, キャロル Carol Chomsky 187
チョムスキー, ノーム Noam Chomsky 181-191, 196, 198, 200, 201, 203, 207, 209-215
ディクソン R. W. Dixon 151, 153, 160
ディドロ D. Diderot 42, 43
デカルト R. Descartes 163, 170, 188, 211
デュ・マルセ C. Ch. Du Marsais 163
テューリング Alan Turing 8
トワデル W. F. Twaddell 151

ナ 行

ニューポート E. L. Newport 20-22

ハ 行

パーニニ Panini 29

ハーマン G. H. Harman 156
ハリス Zellig S. Harris 183-186, 214
ハレ Morris Halle 32, 115, 187, 188, 208
ピアテリ＝パルマリーニ Massimo Piattelli-Palmarini 12
ヒューム David Hume 128, 211
フォーダー Jerry A. Fodor 194
プラトン Plato 76, 182, 204
ブルームフィールド L. Bloomfield 150, 151, 175
フンボルト Wilhelm von Humboldt 29, 37, 45, 47, 128, 161, 174, 188, 200, 211
ベイツ E. Bates 21, 22, 28
ヘルド Richard Held 93
ポウスタル Paul M. Postal 32, 146, 161, 194
ホケット C. F. Hockett 161
ポスト E. Post 47

マ 行

マコーリー James McCawley 32
マシューズ G. H. Matthews 32
マルクス K. Marx 182
ミラー George A. Miller 16, 32, 201, 203
メイエ Antoine Meillet 26

ヤ 行

ヤコブソン Roman Jakobson 83, 135, 187, 206
ヨース Georg Joos 185

ラ 行

ライプニッツ G. W. Leibniz 123, 124, 128-130, 170, 211
ラッセル B. Russell 166
ラングリー A. G. Langley 174
リード Thomas Reid 163
ローゼンバウム Peter Rosenbaum 165
ロック John Locke 123, 170

参考文献

五十周年記念版への序文

Bates, E. and J. Elman. 1996. Learning rediscovered. *Science* 274, 1849–1850.

Berwick, R., P. Pietroski, B. Yankama and N. Chomsky. 2011. Poverty of the stimulus revisited. *Cognitive Science* 35, 1207–1242.

Bracken, H. 1984. *Mind and language: Essays on Descartes and Chomsky*. Dordrecht: Foris.

Chomsky, N. 1951. *Morphophonemics of modern Hebrew*. M.A. thesis, University of Pennsylvania, Philadelphia.【Revised version published in 1979. New York: Garland. Reissued in 2011. London and New York: Routledge.】

Chomsky, N. 1955. *The logical structure of linguistic theory*. Ms., MIT Library, Cambridge, Mass.【Published in part in 1975. New York: Plenum. A paperback edition with an index published in 1985. Chicago: University of Chicago Press.】

Chomsky, N. 1964. *Current issues in linguistic theory*. The Hague: Mouton. この本よりも少し前のバージョンが Fodor and Katz ed. 1964, pp. 50–118 に掲載されている．この著書は，第 9 回国際言語学者会議(於マサチューセッツ州ケンブリッジ)における “The logical basis of linguistic theory” と題されたセッションで発表した論文を改訂し拡張したものである．国際言語学者会議での論文は，セッションの名称(“The logical basis of linguistic theory”)を論文名として，1964 年に *Proceedings of the Ninth International Congress of Linguists*, ed. H. Lunt, pp. 914–978. The Hague: Mouton に収録されている．

Chomsky, N. 1966. *Cartesian linguistics: a chapter in the history of ra-*

tionalist thought. New York: Harper and Row. Third edition published in 2009 with a new introduction by J. McGilvray. Cambridge: Cambridge University Press.【川本茂雄 訳『デカルト派言語学——合理主義思想の歴史の一章』テック，1970 年．新版：川本茂雄 訳『デカルト派言語学——合理主義思想の歴史の一章』みすず書房，1976 年.】

Chomsky N. 1968. *Language and mind*. New York: Harcourt, Brace & World.【1968 年に第 1 版，増補版は 1972 年に出版．増補版の邦訳：川本茂雄 訳『言語と精神』河出書房新社，1974 年．原著は，さらに新たな 1 章を付け加えて 2006 年に第 3 版が出ている．この第 3 版の邦訳：町田健 訳『言語と精神』河出書房新社，2011 年.】

Chomsky, N. 1981. *Lectures on government and binding*, Dordrecht: Foris.【安井稔・原口庄輔 訳『統率・束縛理論』研究社出版，1986 年.】

Chomsky, N. 1986. *Knowledge of language: Its nature, origin, and use*. New York: Praeger.

Chomsky, N. 2015. Preface to the 20th anniversary edition. In *The minimalist program*. Cambridge, Mass. MIT Press.

Chomsky, N. and M. Halle. 1968. *The sound pattern of English*. New York: Harper & Row.

Hale, K. (1975). Gaps in grammar and culture. In *Linguistics and anthropology: In honor of C. F. Voegelin*, ed. M. D. Kinkade, K. L. Hale and O. Werner, pp. 295-315.

Katz, J. J. and P. M. Postal. 1964. *An integrated theory of linguistic descriptions*. Cambridge, Mass: MIT Press.

Legate, J. A, D. Pesetsky and C. Yang. 2014. Recursive misrepresentations: Reply to Levinson (2013). *Language* 90, 515-528.

Lenneberg, E. 1967. *Biological foundations of language*. New York: John Wiley & Sons.【佐藤方哉・神尾昭雄 訳『言語の生物学的基

礎』大修館書店，1974 年.】

Levinson, S. C. 2013. Recursion in pragmatics. *Language* 89, 149-162.

Longobardi, G. 2003. Methods in parametric linguistics and cognitive history. *Linguistic variation yearbook* 3, 101-138.

Meillet, A. 1903. *Introduction à l'étude comparative des langues indoeuropéennes*. Paris.

Miller, G. A. 1956. The magical number seven, plus or minus two: Some limits on our capacity for processing information. *Psychological Review* 63, 81-97.

Miller, G. A. and N. Chomsky. 1963. Finitary models of language users. In *Handbook of mathematical psychology* II, ed. R. D. Luce, R. R. Bush and E. Galanter, pp. 419-491. New York: John Wiley & Sons.

Piattelli-Palmarini, M., ed. 1974. A debate on bio-linguistics. Endicott House, Dedham, Mass, May 20-21. Ms.

Pierrehumbert, J. 2003. Phonetic diversity, statistical learning, and acquisition of phonology. *Language and Speech* 46(2-3), 115-154.

Saffran, J. R., R. N. Aslin and E. L. Newport. 1996. Statistical learning by 8-month-old infants. *Science* 274, 1926-1928.

Shukla, M., K. S. White and R. N. Aslin. 2011. Prosody guides the rapid mapping of auditory word forms onto visual objects in 6-mo-old infants. *Proceedings of the National Academy of Sciences of the United States of America* 108, 6038-6043.

Sprouse, J. and D. Almeida. 2012. Assessing the reliability of textbook data in syntax: Adger's core syntax. *Journal of Linguistics* 48, 609-652.

Sprouse, J. and D. Almeida. 2013. The empirical status of data in syntax: A reply to Gibson and Fedorenko. *Language and Cognitive Processes* 28, 222-228.

Yang, C. 2002. *Knowledge and learning in natural language*. Oxford: Oxford University Press.

Yang, C. 2004. Universal Grammar, statistics, or both? *Trends in Cognitive Sciences* 8, 451-456.

序文・本文

Aristotle. *De anima*. Translated by J. A. Smith in 1941. In *The basic works of Aristotle*, ed. R. McKeon, pp. 535-603. New York: Random House.【邦訳には多数の版があるが，例えば，中畑正志 訳「魂について」『アリストテレス全集 7』岩波書店，2014 年．桑子敏雄 訳『心とは何か』講談社学術文庫，1999 年.】

Arnauld, A. and P. Nicole. 1662. *La logique, ou l'art de penser: contenant, outre les règles communes, plusieurs observations nouvelles propres à former le jugement.* Paris: Chez Charles Savrevx.【Translated into English by J. Dickoff and P. James in 1964. *The art of thinking: Port-Royal logic*. Indianapolis: Bobbs-Merrill. Also by J. V. Buroker in 1996. *Logic or the art of thinking*. Cambridge: Cambridge University Press.】

Bar-Hillel, Y. 1960. The present status of automatic translation of languages. In *Advances in computers* I, ed. F. L. Alt, pp. 91-163. New York: Academic Press.

Bar-Hillel, Y., A. Kasher and E. Shamir. 1963. *Measures of syntactic complexity*. Report for U.S. Office of Naval Research, Information Systems Branch, Jerusalem.

Beattie, J. 1788. *The theory of language*. London.

Bloch, B. 1950. Studies in colloquial Japanese IV: phonemics. *Language* 26, 86-125. Reprinted in 1957. In *Readings in linguistics* ed. M. Joos, pp. 329-348. Washington D.C.: American Council of Learned Societies.

Bloomfield, L. 1933. *Language*. New York: Holt, Rinehart and Winston.【三宅鴻・日野資純 訳『言語』大修館書店，1962 年．新装版：1969 年．新装版再版：1970 年.】

Breland, K. and M. Breland. 1961. The misbehavior of organisms. *American Psychologist* 16, 681-684.

Chomsky, N. 1951. *Morphophonemics of modern Hebrew*. M.A. thesis, University of Pennsylvania, Philadelphia. 【Revised version published in 1979. New York: Garland. Reissued in 2011. London and New York: Routledge.】

Chomsky, N. 1955. *The logical structure of linguistic theory*. Ms., MIT Library, Cambridge, Mass. 【Published in part in 1975. New York: Plenum. A paperback edition with an index published in 1985. Chicago: University of Chicago Press.】

Chomsky, N. 1956. Three models for the description of language. *I.R.E. Transactions on Information Theory*, IT-2, 113-124. Reprinted with corrections in 1965. In *Readings in mathematical psychology* II, ed. R. D. Luce, R. R. Bush and E. Galanter, pp. 105-124. New York: John Wiley & Sons.

Chomsky, N. 1957. *Syntactic structures*. The Hague: Mouton. 【勇康雄訳『文法の構造』研究社，1963年．福井直樹・辻子美保子訳『統辞構造論 付『言語理論の論理構造』序論』岩波文庫，2014年.】

Chomsky, N. 1959a. On certain formal properties of grammars. *Information and Control* 2, 137-167. Reprinted in 1965. In *Readings in mathematical psychology* II, ed. R. D. Luce, R. R. Bush and E. Galanter, pp. 125-155. New York: John Wiley & Sons.

Chomsky, N. 1959b. A review of B. F. Skinner's *Verbal behavior*. *Language* 35, 26-58. Reprinted in Fodor and Katz ed. 1964, pp. 547-578.

Chomsky, N. 1961a. Some methodological remarks on generative grammar. *Word* 17, 219-239. Reprinted in part under the title, *Degrees of grammaticalness* in Fodor and Katz ed. 1964, pp. 384-389. 【A full version reprinted in 1964. In *Readings in applied English linguistics*, ed. H. Allen, pp. 173-192. New York: Meredith. Also reprinted in

2010. In *Noam Chomsky and language descriptions*, ed. J. O. Askedal, I. Roberts and T. Matsushita, pp. 31–53. Amsterdam / Philadelphia: John Benjamins.】

【Chomsky, N. 1961b. On the notion ʻrule of grammar.ʼ In *Structure of language and its mathematical aspects*. Proceedings of the Twelfth Symposium in Applied Mathematics, R. Jakobson ed. pp. 6–24. Providence, R.I.: American Mathematical Society. Reprinted in Fodor and Katz ed. 1964, pp. 119–136.】

Chomsky, N. 1962a. A transformational approach to syntax. In *Proceedings of the Third Texas Conference on Problems of Linguistic Analysis in English*, 1958, ed. A. A. Hill, pp. 124–158. Austin, Texas. Reprinted in Fodor and Katz ed. 1964, pp. 211–245.

Chomsky, N. 1962b. Explanatory models in linguistics. In *Logic, methodology and philosophy of science*, ed. E. Nagel, P. Suppes and A. Tarski, pp. 528–550. Stanford, Cal.: Stanford University Press.

Chomsky, N. 1963. Formal properties of grammars. In *Handbook of mathematical psychology* II, ed. R. D. Luce, R. R. Bush and E. Galanter, pp. 323–418. New York: John Wiley & Sons.

Chomsky, N. 1964. *Current issues in linguistic theory*. The Hague: Mouton. この本よりも少し前のバージョンが Fodor and Katz ed. 1964, pp. 50–118 に掲載されている．この著書は，第 9 回国際言語学者会議(於マサチューセッツ州ケンブリッジ)における“The logical basis of linguistic theory”と題されたセッションで発表した論文を改訂し拡張したものである．国際言語学者会議での論文は，セッションの名称(“The logical basis of linguistic theory”)を論文名として，1964 年に *Proceedings of the Ninth International Congress of Linguists*, ed. H. Lunt, pp. 914–978. The Hague: Mouton に収録されている．

Chomsky, N. In press. Topics in the theory of generative grammar. In *Current trends in linguistics* III: *theoretical foundations*, ed. T. A. Se-

beok. The Hague: Mouton.【Published in 1966, pp. 1-60. 同年，Mouton 社より Janua Linguarum Nr. 56 として単行本も出版.】

Chomsky, N. Forthcoming. *Cartesian linguistics: a chapter in the history of rationalist thought*.【Published in 1966. New York: Harper and Row. Third edition published in 2009 with a new introduction by J. McGilvray. Cambridge: Cambridge University Press.】【川本茂雄 訳『デカルト派言語学――合理主義思想の歴史の一章』テック，1970 年. 新版：川本茂雄 訳『デカルト派言語学――合理主義思想の歴史の一章』みすず書房，1976 年.】

Chomsky, N., M. Halle and F. Lukoff. 1956. On accent and juncture in English. In *For Roman Jakobson*, ed. M. Halle, H. Lunt and H. McLean, and C. H. van Schooneveld, pp. 65-80. The Hague: Mouton.

Chomsky, N. and G. A. Miller. 1963. Introduction to the formal analysis of natural languages. In *Handbook of mathematical psychology* II, ed. R. D. Luce, R. R. Bush, and E. Galanter, pp. 269-321. New York: John Wiley & Sons.

Chomsky, N. and M. P. Schützenberger. 1963. The algebraic theory of context-free languages. In *Computer programming and formal systems*. Studies in logic and the foundations of mathematics series, ed. P. Braffort and D. Hirschberg, pp. 118-161. Amsterdam: North-Holland.

Cordemoy, G. de. 1667. *Discours physique de la parole*. The English translation is dated 1668. *A philosophical discourse concerning speech*.

Cudworth, R. 1731. *A treatise concerning eternal and immutable morality*. Edited by E. Chandler. London.【Reprinted in 1996, ed. S. Hutton. Cambridge: Cambridge University Press.】

Descartes, R. 1641. *Meditations*. Translated by E. S. Haldane and G. T. Ross in 1955. In *The philosophical works of Descartes* I. New York: Dover.【邦訳にはいくつかの版があるが，例えば，『デカルト著

作集』第2巻(『省察』本文と第6までの『反論と答弁』)，所雄章ほか訳，白水社，1973年.】

Descartes, R. 1647. Notes directed against a certain programme. Translated by E. S. Haldane and G. T. Ross in 1955. In *The philosophical works of Descartes* I. New York: Dover.

Diderot, D. 1751. *Lettre sur les sourds et muets*. Page references are to ed. J. Assézat. 1875. *Oeuvres complètes de Diderot* I. Paris: Garnier Frères.

Dixon, R. W. 1963. *Linguistic science and logic*. The Hague: Mouton.

Du Marsais, C. Ch. 1729. *Les véritables principes de la grammaire*. On the dating of this manuscript, see Sahlin 1928, p. ix.

Du Marsais, C. Ch. 1769. *Logique et principes de grammaire*. Paris.

Fodor, J. A. and J. J. Katz, ed. 1964. *The structure of language: readings in the philosophy of language*. Englewood Cliffs, N.J.: Prentice-Hall.

Foot, P. 1961. Goodness and choice. In *Proceedings of the Aristotelian Society*, supplementary volume 35, pp. 45-80.

Frishkopf, L. S. and M. H. Goldstein. 1963. Responses to acoustic stimuli from single units in the eighth nerve of the bullfrog. *Journal of the Acoustical Society of America* 35, 1219-1228.

Gleason, H. A. 1961. *An introduction to descriptive linguistics*. 2nd edition. New York: Holt, Rinehart and Winston.【第2版の邦訳：竹林滋・横山一郎 訳『記述言語学』大修館書店，1970年.】

Gross, M. 1964. On the equivalence of models of language used in the fields of mechanical translation and information retrieval. *Information Storage and Retrieval* 2, 43-57.

Halle, M. 1959a. Questions of linguistics. *Nuovo Cimento* 13, 494-517.

Halle, M. 1959b. *The sound pattern of Russian: a linguistic and acoustical investigation*. The Hague: Mouton.

Halle, M. 1961. On the role of the simplicity in linguistic descriptions.

In *Structure of language and its mathematical aspects*. Proceedings of the Twelfth Symposium in Applied Mathematics, ed. R. Jakobson, pp. 89-94. Providence, R.I.: American Mathematical Society.

Halle, M. 1962a. Phonology in generative grammar. *Word* 18, 54-72. Reprinted in Fodor and Katz ed. 1964, pp. 334-352.【橋本萬太郎・原田信一 訳『現代言語学の基礎』大修館書店，1972 年に収録.】

Halle, M. 1962b. A descriptive convention for treating assimilation and dissimilation. *Quarterly Progress Report* 66, 295-296. MIT Research Laboratory of Electronics, Cambridge, Mass.

Halle, M. 1964. On the bases of phonology. In Fodor and Katz ed. 1964, pp. 324-333.【橋本萬太郎・原田信一 訳『現代言語学の基礎』大修館書店，1972 年に収録.】

Halle, M. and N. Chomsky. 1960. The morphophonemics of English. *Quarterly Progress Report* 58, 275-281. MIT Research Laboratory of Electronics, Cambridge, Mass.

Halle, M. and N. Chomsky. In preparation. *The sound pattern of English*. New York: Harper & Row.【Published（with the authors' names reversed）in 1968. A paperback edition published in 1991. Cambridge, Mass.: MIT Press.】

Halle, M. and K. Stevens. 1962. Speech recognition: a model and a program for research. *I.R.E. Transactions in Information Theory*, IT-8, 155-159. Reprinted in Fodor and Katz ed. 1964, pp. 604-612.

Harman, G. H. 1963. Generative grammars without transformational rules: a defense of phrase structure. *Language* 39, 597-616.

Held, R. and S. J. Freedman. 1963. Plasticity in human sensorimotor control. *Science* 142, 455-462.

Held, R. and A. Hein. 1963. Movement-produced stimulation in the development of visually guided behavior. *Journal of Comparative and Physiological Psychology* 56, 872-876.

Herbert of Cherbury. 1624. *De veritate*. Translated by M. H. Carré in

1937, University of Bristol Studies 6.

Hockett, C. F. 1958. *A course in modern linguistics*. New York: Macmillan.

Hubel, D. H. and T. N. Wiesel. 1962. Receptive fields, binocular interaction and functional architecture in the cat's visual cortex. *Journal of Physiology* 160, 106-154.

Hull, C. L. 1943. *Principles of behavior: an introduction to behavior theory*. New York: Appleton-Century-Crofts.【能見義博・岡本栄一 訳『行動の原理』誠信書房，1960 年.】

Humboldt, W. von. 1836. *Über die Verschiedenheit des menschlichen Sprachbaues und ihren Einfluß auf die geistige Entwickelung des Menschengeschlechts*. Berlin: Ferd. Dümlers Verlag.【岡田隆平 訳『言語と人間』ゆまに書房，1998 年(創元社，1948 年刊の復刻). 亀山健吉 訳『言語と精神──カヴィ語研究序説』法政大学出版局，1984 年.】

Hume, D. 1748. *An enquiry concerning human understanding*.【渡部峻明 訳『人間知性の研究・情念論』晢書房，1990 年. 斎藤繁雄・一ノ瀬正樹 訳『人間知性研究』法政大学出版局，2004 年.】

Katz, J. J. 1964a. Semi-sentences. In Fodor and Katz ed. 1964, pp. 400-416.

Katz, J. J. 1964b. Analyticity and contradiction in natural language. In Fodor and Katz ed. 1964, pp. 519-543.

Katz, J. J. 1964c. Mentalism in linguistics. *Language* 40, 124-137.

Katz, J. J. 1964d. Semantic theory and the meaning of "good." *Journal of Philosophy* 61, 739-766.

Katz, J. J. Forthcoming. Innate ideas.【Published in Katz 1966, *The philosophy of language*, pp. 240-283. New York/London: Harper & Row.】

Katz, J. J. and J. A. Fodor. 1963. The structure of a semantic theory. *Language* 39, 170-210. Reprinted in Fodor and Katz ed. 1964, pp.

479–518.

Katz, J. J. and J. A. Fodor. 1964. A reply to Dixon's "*A trend in semantics.*" *Linguistics* 2(3), 19–29.

Katz, J. J. and P. M. Postal. 1964. *An integrated theory of linguistic descriptions*. Cambridge, Mass.: MIT Press.

Lancelot, C. and A. Arnauld. 1660. *Grammaire générale et raisonnée*. Paris. 【Reprinted in 1967. Menston, England: The Scolar Press.】【南舘英孝 訳，ポール・リーチ 編序『ポール・ロワイヤル文法——一般・理性文法』大修館書店，1972 年.】

Lees, R. B. 1957. Review of Chomsky (1957). *Language* 33, 375–408.

Lees, R. B. 1960. The grammar of English nominalizations. The Hague: Mouton & Co.

Leibniz, G. W. 1765. *Nouveaux essais sur l'entendement humain*. Translated by A. G. Langley in 1949. *New essays concerning human understanding*. LaSalle, Ill.: Open Court. 【米山優 訳『人間知性新論』みすず書房，1987 年.】

Leitzmann, A. 1908. *Briefwechsel zwischen W. von Humboldt und A. W. Schlegel*. Halle: Niemeyer.

Lemmon, W. B. and G. H. Patterson. 1964. Depth perception in sheep. *Science* 145, 835–836.

Lenneberg, E. H. 1960. Language, evolution, and purposive behavior. In *Culture in history: essays in honor of Paul Radin*, ed. S. Diamond. New York: Columbia University Press. Revised and extended version reprinted under the title, *The capacity for language acquisition*. In Fodor and Katz ed. 1964, pp. 579–603.

Lenneberg, E. H. In preparation. *The biological bases of language*. 【Published as *Biological foundations of language* in 1967. New York: John Wiley & Sons.】【佐藤方哉・神尾昭雄 訳『言語の生物学的基礎』大修館書店，1974 年.】

Lettvin, J. Y., H. R. Maturana, W. S. McCulloch and W. H. Pitts. 1959.

What the frog's eye tells the frog's brain. In *Proceedings of the Institute of Radio Engineers* 47, pp. 1940-1951.

Locke, J. 1690. *An essay concerning human understanding*. (Reprinted in 1975, edited with a foreword by P. Nidditch. Oxford: Clarendon Press.)【大槻春彦 訳『人間知性論』全4冊，岩波文庫，1972-1977年.】

Matthews, G. H. 1965. *Hidatsa syntax*. The Hague: Mouton.

Miller, G. A. and N. Chomsky. 1963. Finitary models of language users. In *Handbook of mathematical psychology* II, ed. R. D. Luce, R. R. Bush and E. Galanter, pp. 419-491. New York: John Wiley & Sons.

Miller, G. A., E. Galanter and K. H. Pribram. 1960. *Plans and the structure of behavior*. New York: Holt, Rinehart and Winston.

Miller, G. A. and S. Isard. 1963. Some perceptual consequences of linguistic rules. *Journal of Verbal Learning and Verbal Behavior* 2, 217-228.

Miller, G. A. and S. Isard. 1964. Free recall of self-embedded English sentences. *Information and Control* 7, 292-303.

Miller, G. A. and D. A. Norman. 1964. *Research on the use of formal languages in the behavioral sciences*. Semi-annual Technical Report, Department of Defense, Advanced Research Projects Agency, January-June 1964, pp. 10-11. Cambridge, Mass.: Harvard University, Center for Cognitive Studies.

Miller, G. A. and M. Stein. 1963. *Grammarama*. Scientific report CS-2, December. Cambridge, Mass.: Harvard University, Center for Cognitive Studies.

Ornan, U. 1964. *Nominal compounds in modern literary Hebrew*. Doctoral dissertation, Hebrew University, Jerusalem.

Postal, P. M. 1962a. *Some syntactic rules in Mohawk*. Doctoral dissertation, Yale University, New Haven.

Postal, P. M. 1962b. On the limitations of context-free phrase-structure

description. *Quarterly Progress Report* 64, 231–238. MIT Research Laboratory of Electronics, Cambridge, Mass.

Postal, P. M. 1964a. *Constituent structure: a study of contemporary models of syntactic description*. The Hague: Mouton.

Postal, P. M. 1964b. Underlying and superficial linguistic structure. *Harvard Educational Review* 34, 246–266.

Postal, P. M. 1964c. Limitations of phrase structure grammars. In Fodor and Katz ed. 1964, pp. 137–151.

Quine, W. V. O. 1960. *Word and object*. Cambridge, Mass.: MIT Press. 【大出晁・宮館恵 訳『ことばと対象』勁草書房，1984 年.】

Reid, T. 1785. *Essays on the intellectual powers of man*. Page references are to the abridged edition by A. D. Woozley. 1941. London: Macmillan and Co.

Russell, B. 1940. *An inquiry into meaning and truth*. London: Allen & Unwin.【毛利可信 訳『意味と真偽性――言語哲学的研究』文化評論出版，1973 年.】

Ryle, G. 1931. Systematically misleading expressions. In *Proceedings of the Aristotelian Society* 32, pp. 139–170. Reprinted in 1951. In *Logic and language*. First series, ed. A. G. N. Flew, pp. 11–36. Oxford: Blackwell.

Ryle, G. 1953. Ordinary language. *The Philosophical Review* 62, 167–186.

Sahlin, G. 1928. *César Chesneau du Marsais et son rôle dans l'évolution de la grammaire générale*. Paris: Presses Universitaires.

Skinner, B. F. 1957. *Verbal behavior*. New York: Appleton-Century-Crofts.

Sutherland, N. S. 1959. Stimulus analyzing mechanisms. In *Mechanization of thought processes* II. National Physical Laboratory Symposium 10. London.

Sutherland, N. S. 1964. Visual discrimination in animals. *British Medi-*

cal Bulletin 20, 54-59.

Twaddell, W. F. 1935. *On defining the phoneme.* Language monograph 16. Reprinted in part in 1957. In *Readings in linguistics*, ed. M. Joos, pp. 55-80. Washington D.C.: American Council of Learned Societies. 【服部四郎 訳『「音素」の定義』研究社出版，1959年.】

Uhlenbeck, E. M. 1963. An appraisal of transformation theory. *Lingua* 12, 1-18.

Uhlenbeck, E. M. 1964. Discussion in the session "The logical basis of linguistic theory." In *Proceedings of the Ninth International Congress of Linguists*, ed. H. Lunt, pp. 981-984. The Hague: Mouton.

Wittgenstein, L. 1953. *Philosophical investigations.* Translated by G. E. M. Anscombe. Oxford: Macmillan.【Second edition published in 1958. Oxford: Basil Blackwell.】【第2版ドイツ語原文の邦訳：藤本隆志 訳『哲学探究』(ウィトゲンシュタイン全集 8)大修館書店，1976年．Bibliothek Suhrkamp 版(2003)の邦訳：丘沢静也 訳『哲学探究』岩波書店，2013年.】

Yngve, V. 1960. A model and a hypothesis for language structure. In *Proceedings of the American Philosophical Society* 104, pp. 444-466.